TikTok, Snapchat und Instagram

Tobias Bücklein

TikTok, Snapchat und Instagram

Der Elternratgeber

Stiftung
Warentest

Inhaltsverzeichnis

23

Warum sind die
sozialen Medien
für Eltern
eine besondere
Herausforderung?

63

Weshalb ist es
nicht ratsam, sich
allein auf den
Jugendschutz
zu verlassen?

98

Wie schützen
Sie Ihr Kind vor
verletzenden
Kommentaren
auf Instagram?

„Keine Ahnung" ist für Eltern keine Option

Smartphones gehören inzwischen zum Familien-leben dazu. 95 Prozent der Zwölfjährigen und bereits drei Viertel aller 10- bis 11-Jährigen sowie ein Drittel der 8- bis 9-Jährigen sind stolze Besitzer eines solchen Geräts. Die meisten dieser jungen Smartphone-Nutzer sind in den sozialen Medien unterwegs. Für Eltern gilt: Um ihren Kindern den Weg durch die sozialen Medien weisen zu können, sollten sie selbst einmal dort gewesen sein.

Was ist an den Medien heute sozial?

Herzlich willkommen in diesem Buch. Und willkommen in der großen Gemeinschaft von Eltern, die sich Tag für Tag mit dem Medienkonsum ihrer Kinder auseinandersetzen müssen – und sich dabei häufig überfordert fühlen. Ob Sie beim Elternabend mit Ihren Leidensgenossen sprechen oder eine Studie des Deutschen Kinderhilfswerks lesen, immer ergibt sich der gleiche Eindruck: Auch viele andere Väter und Mütter wollen ihre Kinder zu einem vernünftigen Umgang mit den sozialen Medien erziehen. Und gleichzeitig haben sie oft keine Ahnung, was die Kinder da überhaupt treiben. Dieses Missverhältnis von Erziehungsauftrag und fehlender Kompetenz verursacht Stress und führt in vielen Familien zu Streitereien und Verstimmungen.

Warum Sie dieses Buch lesen sollten

In diesem Buch erfahren Sie, wie Eltern in diese Zwickmühle kommen und wie es Ihnen gelingen kann, da wieder herauszufinden. Sie werden ermutigt, den Umgang Ihres Kindes mit den Social Media selbstbewusst zu lenken. Sie erfahren, welche Chancen und Risiken die sozialen Medien und das Smartphone bereithalten. Und Sie lernen Schritt für Schritt, welche technischen und pädagogischen Möglichkeiten es für einen sicheren Umgang mit TikTok, Instagram, Snapchat und Co. gibt.

Wie sich die Mediennutzung verändert hat

Unter Social-Media-Plattformen verstehen wir Onlineangebote, über die Nutzer miteinander kommunizieren. Sie tauschen Videos und Bilder aus und interagieren. Wenn Kinder mit diesen Apps beschäftigt sind, befriedigen sie damit eine Reihe von sozialen Bedürfnissen, die Sie in Ihrer eigenen Kindheit vermutlich auf dem Pausenhof, im Park oder im Jugendtreff von Angesicht zu Angesicht ausgelebt haben: Es geht darum, zur Peergroup dazuzugehören, einen Beitrag zur Gemeinschaft zu leisten und dafür Anerkennung zu erhalten.

Wenn Sie an Ihre eigene Jugend zurückdenken, dann haben Sie damals vermutlich Fernsehen geschaut, Radio gehört und Bücher gelesen. Sie kennen Medien also eher als eine Art Einbahnstraße, in der die Bezeichnung „Medienkonsum" absolut zutreffend ist. Vermutlich haben Sie damals nicht selbst Radiosendungen produziert oder sind selbst im Fernsehen aufgetreten. Vielleicht haben Sie Gedichte oder Geschichten geschrieben. Aber damit ein größeres Publikum zu erreichen, war noch bis vor wenigen Jahren praktisch unmöglich.

Heute sind Kinder viel stärker in die Gestaltung der Medien einbezogen. Sie interagieren auf den Plattformen in (auch qualitativ) ganz unterschiedlicher Weise. Sie geben Feedback, schreiben einen Kommentar oder verfassen einen Post, drehen ein Video als Reaktion oder nehmen an den Diskussionen in den Social Media teil. In dieser Hinsicht sind die Medien heute viel „sozialer" als in der Vergangenheit. Anstelle der bisherigen Sender-Empfänger-Struktur sind die Nutzer gleichberechtigt miteinander vernetzt.

→ **Die Besonderheit sozialer Medien**

Der wesentliche Unterschied der Social Media zu den Medien vergangener Zeiten ist, dass die Nutzer nicht nur Konsumenten, sondern (zumindest potenziell) auch Produzenten sind.

Wenn Sie also die Smartphone-Nutzung Ihres Kindes nur auf der Basis Ihrer eigenen Erfahrungen beurteilen, liegt der Fehlschluss nah, dass Ihr Kind viel zu viel Medien „konsumiert". Doch einerseits vereint das Smartphone vom Taschenrechner über den Busfahrplan bis hin zur Wettervorhersage so viele unterschiedliche Anwendungen, dass eine Abgrenzung kaum noch möglich ist. Andererseits kann auch im Umgang mit den sozialen Medien sowohl berieselnder Konsum als auch kreative Produktivität vorherrschen. Wir müssen also schon genauer hinschauen.

Welche sozialen Medien gibt es überhaupt?

Vermutlich haben Sie selbst zahlreiche Social-Media-Anwendungen oder -Apps auf Ihrem Smartphone. Es sind aber wahrscheinlich andere als die, die Ihr Kind nutzt. Weder berufliche Netzwerke wie XING oder LinkedIn lösen bei Kindern Begeisterung aus noch das bei Erwachsenen sehr verbreitete Facebook. Der Anteil der 16- bis 19-jährigen Nutzer beträgt bei Facebook nur noch 36 Prozent. Für die noch Jüngeren spielt dieses soziale Netzwerk praktisch gar keine Rolle mehr.

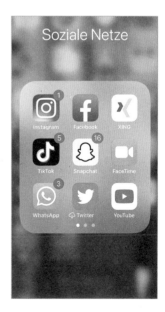

Immer wieder kommen neue Plattformen auf den Markt. Zuletzt erschien im August 2018 die inzwischen überaus beliebte TikTok-App, durch die das 2014 veröffentlichte musical.ly fortgeführt und erweitert wurde. Und auch bestehende Apps verändern sich ständig, passen sich aneinander an und übernehmen voneinander Anwendungsmöglichkeiten. So finden Sie

inzwischen auch auf Instagram die ursprünglich durch Snapchat berühmt gewordenen „Facefilter", mit denen man sein Gesicht in Echtzeit durch allerlei Tiermasken und Accessoires wie Brillen und Teufelshörner verfremden kann.

Unabhängig von diesem Wandel im Detail gibt es aber gleichbleibende Funktionen, die hier kurz dargestellt werden sollen. Wenn Sie die Funktionsweise von sozialen Medien verstehen, kommen Sie auch mit zukünftigen Neuerscheinungen, die wir heute noch gar nicht kennen, besser zurecht.

Apps zur Kommunikation

Keine Plattform verzichtet auf Elemente der Kommunikation. Aber einige sind in erster Linie dafür gemacht, beispielsweise alle Mailprogramme, die SMS-Funktion oder WhatsApp, Telegram und andere Messenger-Apps sowie eher videoorientierte Anwendungen wie Facetime, Zoom oder Snapchat. Im ursprünglichen Sinne sind die vorgenannten gar keine Social-Media-Plattformen, denn zunächst einmal ersetzen sie nur den Brief oder das (Bild-)Telefon. Doch diese Apps können noch mehr:

→ **Austausch in Gruppen**

Mit den meisten dieser Apps können Sie inzwischen auch Bilder und Videos versenden und vor allem: sich in der Gruppe miteinander austauschen. Und schon sind Sie mittendrin in der vollen Bandbreite von Möglichkeiten und Gefahren des sozialen Miteinanders.

Für die Altersgruppe Ihres Kindes spielen unter den Kommunikations-Apps vor allem Snapchat, aber auch WhatsApp eine größere

Rolle, weshalb wir diese beiden Apps in späteren Kapiteln noch genauer betrachten.

Kommunikation findet darüber hinaus natürlich auch auf fast allen anderen Plattformen statt – über Kommentare unter YouTube-Videos und Instagram-Posts, über Direktnachrichten auf Twitter, Instagram und TikTok oder indirekt über jedes Herzchen und jeden Daumen nach oben, mit denen Kinder oft im Sekundentakt anderen ein kurzes Feedback geben.

Apps für Live-Chat und Live-Streaming

Eine besondere Form der Kommunikation ist der Live-Chat, der die Möglichkeiten eines Gruppenchats noch um das Video erweitert. Live-Chats können unter anderem von Facebook, Instagram, Tik-Tok oder YouTube aus gestartet werden. Manche Video-Plattformen, wie die beliebte Houseparty-App, ersetzen das persönliche Treffen mit bis zu acht Freunden – manchmal auch notgedrungen wie zu Zeiten der Corona-Pandemie.

Während Kinder sich bei Live-Chats in erster Linie zum gleichberechtigten Austausch miteinander vernetzen, sind sie beim Live-Streaming eher in der Zuschauerrolle. Die Protagonisten der Streaming-Kanäle unterhalten ihre Zuschauer oft über mehrere Stunden hinweg. Auf Instagram sind am Live-Streaming meist nur ein oder zwei Personen aktiv beteiligt. Die übrigen haben die Möglichkeit, sich über Kommentare einzubringen, ihre Zustimmung mit Herzchen auszudrücken oder sogar Geld für den Kanal zu spenden, der den Chat gestartet hat.

Die Plattform Twitch ist auf das Live-Streaming spezialisiert und kommt damit der guten, alten Fernsehsendung eigentlich am nächsten. Nur dass dafür keine

Studios und Regisseure mehr benötigt werden und die Zuschauer auf die beschriebene Weise aktiv daran teilhaben können.

Vielleicht erinnern Sie sich noch an die Beteiligung von Zuschauern per TED in den „Wetten, dass ...?"-Sendungen der 1980er-Jahre. Diese frühen Versuche, das Publikum in Live-Sendungen einzubeziehen, finden nun in den Streams von Twitch ihre perfekte Fortsetzung. Allerdings ging es bei „Wetten, dass ...?" um entspannte Familienunterhaltung, während auf Twitch vornehmlich (gewalttätige) Videospiele zu sehen sind. Deshalb darf die Plattform offiziell auch erst ab 18 Jahren ohne Aufsicht eines Elternteils genutzt werden.

Apps zum Teilen von eigenen (kreativen) Inhalten

Neben dem Austausch mit anderen steht bei den Social-Media-Plattformen auch die Darstellung der eigenen Persönlichkeit oder besonderer Fähigkeiten im Vordergrund. Wenn sich Ihr Kind gern sprachlich ausprobiert oder kreativ mit Musik-, Foto- und Videoproduktion umgeht, hat es dort viele Möglichkeiten, damit ein kleineres oder größeres Publikum zu erreichen.

Wenn wir später von den Chancen der sozialen Medien sprechen und davon, wie Sie Ihr Kind am besten bei der Mediennutzung begleiten, dann spielt es eine wichtige Rolle, wie sehr Sie seine Kreativität fördern und unterstützen können und möchten. Grundsätzlich kann die produktive Nutzung der Möglichkeiten von Instagram, TikTok oder YouTube durchaus positiv zur Entwicklung Ihres Kindes beitragen.

Für ältere oder politisch interessierte Kinder, die gern schreiben, ist beispielsweise Twitter eine Möglichkeit, sich pointiert zu äußern und aktuelle Gesellschaftsthemen zu diskutieren. Auf Instagram spielt eher eine gewisse Fotokunst (inklusive Bearbeitung) eine Rolle bzw. in den Instagram-Storys die Kunst, Geschichten zu erzählen und das eigene Leben interessant zu inszenieren. Bei TikTok sind darstellerische, humoristische oder tänzerische Fähigkeiten gefragt.

Tipp

Achten Sie auf das Wie der Nutzung: Unterscheiden Sie bei der Nutzung sozialer Medien grundsätzlich zwischen Kommunikation, Produktivität bzw. Kreativität und Konsum. Je nachdem, um was davon es gerade geht und welche Werte Ihrer Erziehung zugrunde liegen, können Sie zum Beispiel Kommunikation zulassen, Produktivität fördern und Konsum begrenzen.

YouTube ist wohl die Plattform mit dem größten Produktionsaufwand. Hier müssen die Kreativen nicht nur interessante Protagonisten ihrer Videos sein, sondern darüber hinaus auch Kameraführung, Licht, Ton und Schnitt beherrschen und ihre Zuschauer über mehrere Minuten unterhalten. Wohl aus diesem Grund wird YouTube von den meisten eher passiv aus der Zuschauerperspektive genutzt.

Wie funktionieren Social-Media-Plattformen?

Alle angesprochenen Plattformen sind zunächst einmal kostenlose Angebote. Wenn Sie Videos auf YouTube oder TikTok ansehen möchten, brauchen Sie sich dafür nicht einmal zu registrieren. Bei den meisten Apps jedoch sind viele Funktionen angemeldeten Nutzern vorbehalten. Das hat seinen Grund, denn nur durch die Anmeldung lassen sich ganz gezielt Nutzerdaten erheben. Und letztlich geht es bei den meisten Social-Media-Plattformen um die

Vernetzung von persönlichen Daten, kreativen Inhalten und Werbung.

→
Das Grundprinzip der Plattformen

Die Plattformen wollen möglichst viele Daten von Ihnen speichern, um Ihnen auf Sie zugeschnittene Inhalte anbieten zu können und Sie möglichst lange auf der Plattform zu halten. Im letzten Schritt spielen die Plattformen dann Ihren Interessen entsprechende Werbung ein, für die sie von den Werbekunden bezahlt werden.

In dieser technischen Vernetzung von Interessen besteht auch der entscheidende Unterschied zu den Medienangeboten früherer Generationen.

Die Bedeutung von (individualisierter) Werbung

Vielleicht ärgern Sie sich alle drei Monate darüber, dass von Ihrem Konto der Rundfunkbeitrag (früher GEZ) abgebucht wird. In dieser Gebühr drückt sich eine früher noch allgemeingültige Vereinbarung aus: Wer Musik hört, Fernsehen schaut, ein Konzert besucht, bezahlt mit der Rundfunkgebühr oder dem Eintrittspreis anteilig die angefallenen Produktionskosten. Das ist sehr vereinfacht ausgedrückt, aber so war das in der Vergangenheit einmal.

In den 1980ern eroberte dann mit den privaten Fernsehsendern RTL und SAT 1 ein neues Prinzip die Bildschirme: In die Sendungen wurde Werbung eingestreut, mit deren Einnahmen die Produktions- und Sendekosten bezahlt werden konnten. Dieses Prinzip hat sich bis heute auf fast alle Bereiche von Kultur, Unterhaltung und teilweise auch Information und Wissenschaft ausgedehnt. Kaum ein Konzert kommt ohne Sponsor aus, kaum eine Veranstaltung ohne Zuschüsse und keine Sendung ohne Werbung in irgendeiner Form. Das Besondere der Social-Media-Plattformen liegt nun zum einen darin, dass sie die Inhalte von den Nutzern anfertigen lassen und damit überhaupt keine Produktionskosten zu tragen haben. Die frühere Aufteilung in Konsumenten und Produzenten wird aufgehoben zugunsten von Prosumenten (oder engl. Prosumern), die mit ihren Beiträgen in Vorleistung gehen und nur im Fall von großem Erfolg dafür überhaupt honoriert werden. Zum anderen analysieren die Plattformen das Verhalten ihrer Nutzer:

→ Ihr persönliches Profil

Wenn Sie als Zuschauer auf Facebook, YouTube oder Instagram unterwegs sind, erfassen diese Plattformen sehr genau Ihre Vorlieben und Sehgewohnheiten und erstellen daraus Ihr persönliches Nutzerprofil. Das geht natürlich am besten, wenn Sie angemeldet sind. Übrigens wird häufig auch Ihr Surfverhalten außerhalb der Plattformen von diesen „getrackt". So weiß Facebook möglicherweise auch, wenn Sie auf der Seite eines Reiseveranstalters nach einem Kreta-Urlaub gesucht haben.

Dieses Nutzerprofil, das Sie mehr oder weniger unabsichtlich durch Ihre Internetnutzung anlegen, bildet die Grundlage für Vorschläge, die Ihnen die Plattform macht. Das Ziel jeder Social-Media-App ist, dass Sie möglichst lange deren Angebot konsumieren und dabei möglichst nur Inhalte vorgeschlagen bekommen, die Ihnen gefallen und die Sie interessieren.

Interessen für Werbung
Online einkaufen
Einkaufen und Mode
Rezepte
Kochen
Essen
Fußball
Immobilien
Innenausstattung
Renovierungsarbeiten
Investitionen
Tourismus
Fernseher
Hip-Hop-Musik
Videospiele
Wein
Unternehmen
Komödien
Reisen

Das Erlösmodell der Social-Media-Apps

Nun kommt der entscheidende, dritte Schritt, denn er stellt das Erlösmodell der Plattformen dar, also die Methode, mit der die App-Betreiber ihr Geld verdienen: Nachdem mittels künstlicher Intelligenz Ihre Nutzungsgewohnheiten mit den Angeboten verknüpft wurden, kann die Plattform Ihnen Werbung einspielen, die genau zu Ihren Interessen passt. Da Sie dabei Beiträge betrachten, die Sie mögen, erreicht die Werbung Sie außerdem in einer positiven Grundstimmung.

Wenn Sie sich beispielsweise gerade einen Autotest ansehen, liegt es nahe, dass Sie Interesse an einem Neuwagen haben. Wenn Sie einer Lifestyle-Instagrammerin folgen, haben Sie vermutlich Interesse an schicken Möbeln, Kleidung oder Accessoires. Und vor den TikToks der Fitness-Gurus lässt sich prima Werbung für Eiweiß-Drinks schalten.

Dieses Grundprinzip zu verstehen ist sehr wichtig, wenn Sie Ihr Kind sicher beim Umgang mit den sozialen Medien begleiten wollen. Denn nur wenn Sie wissen, was die Plattformen von Ihnen und Ihren Kindern wollen, können Sie wirklich entscheiden, ob Sie das ebenfalls wollen.

Welche Chancen bergen die sozialen Medien?

Wenn Sie Ihr Kind zu einem sicheren Umgang mit den sozialen Medien erziehen möchten, ist es nicht nur wichtig, die Gefahren zu sehen, die diese bereithalten, sondern auch die großen Chancen. Mit jeder Reglementierung nehmen Sie Ihrem Kind möglicherweise auch eine Chance. Dieser Ratgeber soll Ihnen helfen, beide Seiten der Medaille kennenzulernen und nach Ihren eigenen Werten und Zielen Entscheidungen zu treffen.

Express yourself – Demokratie pur

Die erste große Chance, die Apps wie YouTube, TikTok oder Instagram bieten, besteht darin, dass sie die technischen Möglichkeiten schaffen, Fotos, Videos, Podcasts, Blogs und Musik selbst zu veröffentlichen, ohne dafür eine Zeitungsredaktion, einen Musikverlag oder einen Fernseh-Intendanten überzeugen zu müssen. Und das auch noch kostenlos.

Vielleicht haben Sie in Ihrer Kindheit an einem Schülervorspiel teilgenommen, vielleicht etwas in der Schülerzeitung geschrieben. Möglicherweise konnten Sie später einmal einen Leserbrief in der Lokalzeitung unterbringen. Aber für eine weitere Verbreitung ihrer kreativen Produkte und Ihrer Meinung dürfte es bei den allermeisten nicht gereicht haben.

→ **Die Macht der Gatekeeper**

Noch heute entscheiden in den Zeitungs- und Musikredaktionen oder in den Fernsehsendern zumeist einzelne Menschen darüber, welche Sendungen produziert werden, welche Schauspieler die Rolle bekommen und welche Inhalte eines Zeitungsartikels überhaupt würdig sind. Viele dieser sogenannten Gatekeeper mögen das mit Verantwortungsgefühl und Sorgfalt tun, besonders demokratisch ist das jedoch nicht.

Wer heute Zeit, Talent und ein Smartphone als technische Grundausstattung mitbringt, kann mit seinen Produktionen theoretisch ein Millionenpublikum erreichen – auch wenn das angesichts der vorher beschriebenen Interessen der Plattformen nicht ganz so einfach ist, wie es klingt. Denn natürlich geht das nur mit bestimmten massentauglichen Inhalten und werbefreundlichen Themen. Aber immerhin.

Geld und Ruhm

Gerade für Künstler, Autoren, aber auch pädagogisch begabte Menschen eröffnet sich durch die sozialen Medien die Chance, ein größeres Publikum zu erreichen und über diese Reichweite mittelfristig auch finanziellen Erfolg zu haben.

Natürlich wird auch hier der größte Teil der Erlöse von den Plattformen selbst vereinnahmt. Nur ein geringer Teil geht an die Kreativen. Aber verglichen mit Schallplattenverkäufen oder dem Buchmarkt ist es in den sozialen Medien heute viel wahrscheinlicher, von der eigenen Bekanntheit und Beliebtheit auch in großem Maße zu profitieren.

Sollte Ihr Kind also den Berufswunsch YouTuber oder Instagrammer äußern, dann sollten Sie nicht reflexartig erwidern: „So ein Quatsch!" Lassen Sie ruhig zu, dass Ihr Kind sich ausprobiert – natürlich mit Ihrer Unterstützung und Begleitung. Wer einmal die Mühe, den Zeitaufwand und auch das Frustpotenzial erfahren hat, die mit dem Aufbau eines erfolgreichen Kanals verbunden sind, kann besser entscheiden, ob das wirklich eine Option für den eigenen Berufsweg ist. Und sollten bei Ihrem Kind tatsächlich ausreichend Begabung, Persönlichkeit und Durchhaltevermögen zusammenkommen – warum nicht? Vielleicht kann es ja mit Ihrer Unterstützung die Qualität der Plattformen durch seine Beiträge bereichern.

Gleichgesinnte finden

Gerade wenn Ihr Kind eher zurückhaltend oder schüchtern ist, wenn es außergewöhnliche Hobbys hat oder wenn es wegen seiner Herkunft, seiner sexuellen Orientierung oder aus anderen Gründen Schwierigkeiten im „analogen" Leben hat, kann ihm die digitale Welt eine große Chance bieten.

Vielleicht fanden Sie in Ihrer Kindheit keine Mitschülerin, die Ihr seltenes Hobby teilte. Oder Sie suchten aufgrund Ihrer ungewöhnlichen Ansichten vergeblich jemand Gleichgesinntes. Heute erfahren Kinder durch die digitale Vernetzung, dass sie nicht allein sind. Und wer im wirklichen Leben schüchtern ist, aber vor der Kamera aufblüht, hat die Chance, damit Anerkennung zu erhalten, die ihm sonst vielleicht versagt bliebe.

Ungeachtet aller Gefahren, die das – zum Beispiel im Bereich politischer Meinungsbildung (Stichwort „Filterblase") – bereithält, ist es

Meinungsvielfalt statt Filterblase: Wer die sozialen Medien offen, reflektiert und bewusst nutzt, kommt in einer globalisierten Welt gar nicht um die Einsicht herum, dass es vielfältige Meinungen und Weltanschauungen gibt und geben darf. Das ist nicht unbedingt das Ziel der Plattformen selbst. Deren Geschäftsmodell baut im Gegenteil eher darauf auf, nur genau auf die Interessen der Nutzer zugeschnittene Inhalte zu zeigen. Aber es liegt im Bereich des Möglichen und hängt von der Art und Weise ab, wie Sie den Umgang Ihres Kindes mit den Social Media gestalten.

zunächst einmal eine Ermutigung, wenn Ihr Kind feststellt, dass es auch andere gibt, die ähnlich ticken.

Bildungschance jenseits der Schule

Vielleicht tut sich Ihr Kind in der Schule leicht, lernt gerne und ist motiviert, sich mit Inhalten zu beschäftigen, die ihm von den Lehrern vorgegeben werden. Glückwunsch!

Viele Kinder sind nicht so. Manche können sich in der Gruppe nicht konzentrieren und sind leicht ablenkbar. Viele mögen die Lehrerin oder den Lehrer nicht oder funken nicht auf der gleichen Wellenlänge. Manchen geht es einfach zu schnell, sie bräuchten mehr Zeit. Oder vielleicht gehört Ihr Kind auch zu den Neugierigen, die lieber selbst entdecken wollen, was sie interessiert, und auf Vorgaben von außen mit Ablehnung reagieren.

Wenn Sie Ihr Kind in dieser Beschreibung wiedererkannt haben, bieten die sozialen Medien ihm ebenfalls eine Chance. Auch wenn vordergründig viel Redundantes und Irrelevantes verbreitet wird, gibt es dort jede Menge zu entdecken, sowohl zu schulischen Themen als auch zu anderen Interessengebieten von Video- und

Musikproduktion übers Klavierspielen bis hin zu Basteln, Reparatur und Handwerk. Wer nicht mit dem Schulsystem zurechtkommt, kann hier kostenlos vom Wissen anderer profitieren und sich bei Interesse selbstständig und eigenmotiviert informieren.

Damit beinhaltet die kluge Nutzung von Social Media sogar eine Chance für Bildungsgerechtigkeit. Denn zumeist sind die Anleitungen und der Unterricht im Gegensatz zu Nachhilfestunden kostenlos und können durch Anhalten und Wiederholung an die eigene Lerngeschwindigkeit angepasst werden.

Zeigen Sie Ihren Kindern den Weg!

Zu welcher Art von Eltern gehören Sie? Regeln Sie lieber streng und verbieten im Zweifelsfall vieles? Oder lassen Sie eher alles zu, weil das Kind schon wissen wird, was es tut?

Die zu Anfang dieses Kapitels kurz erwähnte Studie des Deutschen Kinderhilfswerks ergab, dass sich die meisten Eltern im Rahmen der Medienerziehung heute überfordert fühlen (dkhw.de/schwerpunkte/medienkompetenz/studie-kinderbilderrechte/).

Das Grundproblem dabei ist, dass Eltern oft einfach keine Ahnung von dem haben, was ihre Kinder in den sozialen Medien treiben. Das ist für eine verantwortungsvolle Begleitung eines Kindes durch den Dschungel der digitalen Angebote keine gute Grundvoraussetzung.

Wie wir im nächsten Kapitel sehen werden, sind die Möglichkeiten der sozialen Medien so komplex, dass nur eine kenntnisreiche Erziehung erfolgreich sein kann. Reflexartiges Verbieten verwehrt Ihrem Kind möglicherweise wichtige Chancen oder verhindert die Erfüllung von Grundbedürfnissen wie Gruppenzugehörigkeit und Kommunikation. Unkontrolliertes Erlauben dagegen verlagert die Verantwortung auf Ihr Kind – und das in einer Situation, in der Sie selbst ratlos sind. Das wäre ungefähr so, als hätten Sie sich in einer Großstadt verfahren und würden daraufhin Ihr Kind ans Steuer des Wagens setzen in der Hoffnung, dass es sich besser auskennt als Sie.

→ **Ihre Aufgabe als Eltern**

Wenn Sie Ihrem Kind den Weg weisen wollen, kommen Sie nicht umhin, sich selbst mit den Funktionsprinzipien, den Chancen und den Risiken der sozialen Medien auseinanderzusetzen. Denn nur auf der Grundlage einer persönlichen Haltung können Sie wirkungsvoll und verantwortlich erziehen und begleiten.

Wenn Sie sich die sozialen Medien als Großstadt vorstellen, finden Sie darin alle, aber auch wirklich alle unterschiedlichen Lokalitäten: idyllische Parks und Spielgelegenheiten, jedoch auch Drogenumschlagplätze und Bordelle. Sie müssen nicht überall gewesen sein, um Ihrem Kind den Weg zu weisen. Aber Sie sollten eine ungefähre Ahnung von den Dingen haben, die auf Ihr Kind zukommen können. Wie beim Schulweg können Sie Routinen entwickeln, den Weg erst gemeinsam gehen, dann das Kind alleine losschicken, Verkehrsregeln etablieren, auf beiden Seiten Vertrauen entstehen lassen, da sein, wenn etwas schiefgeht – eben erziehen und begleiten, auf der Grundlage von Haltung und Kompetenz.

Entwickeln Sie eine Haltung

Als Eltern haben Sie die Aufgabe, Ihr Kind bei der Social-Media-Nutzung zu begleiten. Denn wer außer Ihnen könnte sich dafür einsetzen, dass Ihr Kind sich nicht in den sozialen Medien verliert? Die Plattformen haben kein Interesse daran, die Kinder auch nicht und die Werbewirtschaft erst recht nicht. Wenn Sie als Eltern die Verantwortung nicht übernehmen, wird es niemand tun.

Die Erziehungsaufgabe annehmen

Bevor Sie sich mit den Möglichkeiten beschäftigen, wie Sie Ihrem Kind beim sicheren Umgang mit den sozialen Medien helfen, sollten Sie sich vergegenwärtigen, warum Sie das eigentlich tun wollen. Deshalb geht es in diesem Kapitel darum, was in diesem Zusammenhang Ihre Aufgabe als Eltern ist und warum sie manchmal so schwer zu erfüllen ist.

Gruppendruck und wirtschaftliche Interessen

Vielleicht kennen Sie die Situation, dass Ihr Kind vom Spielplatz oder der Schule heimkommt und von Videos, Spielen oder Sendungen erzählt, die definitiv nicht altersgerecht sind. Die Mitschüler kennen schon mit acht Jahren Filme wie „Harry Potter" oder „Star Wars", spielen Fortnite oder skandieren begeistert sexistische Deutsch-Rap-Texte. Und natürlich hat nun auch Ihr Kind das Bedürfnis und die Neugier, sich mit diesen Inhalten auseinanderzusetzen. Eltern fühlen sich häufig überfordert, wenn es in Situationen wie diesen darum geht, sich gegen die scheinbare Normalität zu stellen. Wenn alle in der Klasse etwas schon kennen, möchte man sich ungern dagegen wehren. Eltern stellen ihre eigenen Überzeugungen aus Bequemlichkeit oder Verunsicherung oft zurück und geben damit ihre Erziehungsaufgabe ein Stück weit aus der Hand.

Die Spiele- und Unterhaltungsindustrie dagegen kennt nahezu jede Methode, Kinder bereits von klein auf an ihre Produkte zu gewöhnen.

Ihre Reaktion gibt Orientierung: Wenn Ihr Kind etwas Neues kennengelernt hat und Ihnen davon erzählt, ist es wichtig, wie Sie darauf reagieren: Von „Oh, cool!" bis „Ich finde das nicht gut. Warum kennt dein Mitschüler das überhaupt schon?" ist hier eine große Bandbreite möglich. Wie immer Sie reagieren: Ihr Kind wird sich mit seinem eigenen Wertesystem an dieser scheinbar unbedeutenden, spontanen Reaktion orientieren.

Symbole und Figuren aus Filmen ab zwölf wie „Star Wars" oder „Harry Potter" finden sich schon auf Babystramplern, im Lego-Katalog oder auf Schulheften. Dies unterstützt ein Gefühl von Normalität auch bei Inhalten, die bei genauer Betrachtung nicht altersgemäß sind und die Ihren Erziehungswerten möglicherweise auch nicht entsprechen.

Gruppendruck auf der einen Seite sowie massiv und professionell vertretene wirtschaftliche Interessen auf der anderen bringen Sie als Eltern also in eine Zwickmühle. Um in dieser Situation wertvoll, also auf der Basis eigener Werte und Überzeugungen zu erziehen, braucht es ein großes Bewusstsein und eine Menge Energie.

Warum muss man überhaupt erziehen?

Die einfachste Antwort auf die Frage, warum Sie sich als Eltern überhaupt mit der Erziehung Ihres Kindes beschäftigen, ist eine juristische: Sie müssen das!

→ **Auszug Artikel 6 des Grundgesetzes, Abschnitt 2**

Pflege und Erziehung der Kinder sind das natürliche Recht der Eltern und die zuvörderst ihnen obliegende Pflicht. Über ihre Betätigung wacht die staatliche Gemeinschaft.

Der Gesetzgeber hat bestimmt, dass alle, die das Sorgerecht für Kinder haben bzw. übernehmen, auch dafür sorgen müssen, dass diese Kinder „in ihrer Entwicklung gefördert werden und zu eigenverantwortlichen und gemeinschaftsfähigen Persönlichkeiten erzogen werden", wie es im Kinder- und Jugendhilfegesetz in §1 heißt.

Falls Ihnen diese juristische Verpflichtung eher Missbehagen bereitet, gefällt Ihnen vielleicht die Formulierung besser, die der berühmten Pädagogin Maria Montessori zugeschrieben wird: „Kinder sind Gäste, die nach dem Weg fragen." Die bereits angesprochene Neugier und das Interesse sind somit ganz natürlich – und sie beinhalten die Frage: Wie soll ich damit umgehen? Von den Mitschülern wird sie beantwortet, von der Unterhaltungsindustrie auch, und nun ist es an Ihnen als Eltern, ebenfalls eine Antwort darauf zu geben.

Wenn Sie pädagogische Literatur lesen, finden Sie jede Menge Belege dafür, warum Kinder Orientierung benötigen, warum Sie für Ihr Kind als Vorbilder so wichtig sind, wie Kinder durch Nachahmung Werte bilden und Gewohnheiten entwickeln und warum „Ansagen" und klare Richtlinien so nötig sind.

Je mehr Einflüsse von außerhalb auf Ihr Kind einwirken und Orientierung anbieten – Lehrkräfte, Mitschülerinnen und Mitschüler, die Werbe- und Unterhaltungsindustrie und die Medien –, desto schwieriger und gleichzeitig wichtiger wird Ihre eigene Aufgabe. Sie müssen schon ziemlich genau wissen, an welchen Werten Sie Ihre Erziehung ausrichten, um dieser Übermacht anderer Orientierungsangebote gegebenenfalls etwas entgegensetzen zu können. Und das gilt ganz besonders für die sozialen Medien und ihre schier uferlosen Angebote und Möglichkeiten.

Warum können wir es nicht so machen wie unsere Eltern?

Zu der Zeit, als Sie selbst Kind waren, konnten Ihre Eltern Ihnen das meiste aufgrund eigener Erfahrungen vorleben. Viele dieser auch heute noch gültigen Alltagsregeln haben Sie vermutlich genauso

---

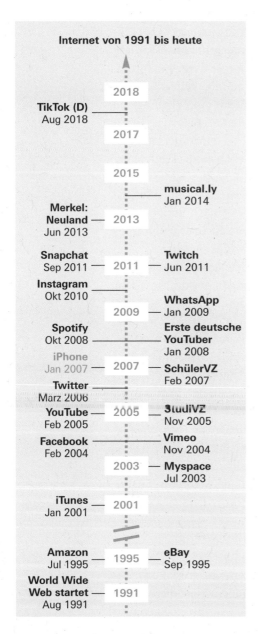

Internet von 1991 bis heute

TikTok (D) Aug 2018 — 2018
2017
2015
musical.ly Jan 2014
Merkel: Neuland Jun 2013 — 2013
Snapchat Sep 2011 — 2011 — Twitch Jun 2011
Instagram Okt 2010
2009 — WhatsApp Jan 2009
Spotify Okt 2008 — Erste deutsche YouTuber Jan 2008
iPhone Jan 2007 — 2007 — SchülerVZ Feb 2007
Twitter März 2006
YouTube Feb 2005 — 2005 — StudiVZ Nov 2005
Facebook Feb 2004 — Vimeo Nov 2004
2003 — Myspace Jul 2003
iTunes Jan 2001 — 2001
Amazon Jul 1995 — 1995 — eBay Sep 1995
World Wide Web startet Aug 1991 — 1991

auch Ihrem Kind weitergegeben: „Bleib an der Straße stehen und schaue erst links, dann rechts." „Benutze keinen Föhn in der Badewanne!" „Iss mit geschlossenem Mund, weil Schmatzen eklig ist!"

Spätestens mit dem Einzug der Fernsehgeräte ins familiäre Wohnzimmer Ende der 1950er-Jahre gewann die Mediennutzung in der Erziehung an Bedeutung. Vermutlich galten auch in Ihrer Kindheit bestimmte Beschränkungen: Kein Fernsehen vor dem Schlafengehen. Kein Radio bei den Hausaufgaben. Höchstens eine Stunde am Tag fernsehen.

Im Grundsatz ist auch heute noch manches davon gültig. Im Detail hat sich die Situation aber in den letzten zehn Jahren so rasant geändert, dass Sie mit den von Ihren Eltern übernommenen Erziehungsgrundsätzen inzwischen vermutlich an Ihre Grenzen gestoßen sind.

Als Steve Jobs im Jahre 2007 das erste Smartphone der Welt vorstellte, war das Internet schon 16 Jahre alt. Es gab schon eBay, Amazon und natürlich auch Facebook (2004), YouTube (2005) und Twitter (2006). Und doch markiert dieses Datum einen tiefen Einschnitt. Denn mit dem iPhone und spätestens mit der Präsentation des App-Stores 2008 wurde aus dem guten alten Mobiltelefon eine Art Schweizer Taschenmesser der Neuzeit. Vor allem: Durch die mobile Anbindung ans Internet standen nun alle denkbaren Funktionen räumlich, zeitlich und inhaltlich unbegrenzt zur Verfügung.

→ Mediennutzung mit dem Smartphone

Die wesentliche Herausforderung im Umgang mit dem Smartphone besteht darin, dass durch die Kombination von Portabilität, breitem Anwendungsspektrum und permanenter Anbindung ans Internet eine räumlich, zeitlich und inhaltlich unbegrenzte Nutzung möglich ist.

Zwar sprechen wir in diesem Ratgeber in erster Linie über den Umgang mit sozialen Medien. Ein Großteil der Schwierigkeit besteht aber darin, dass sie über das Smartphone permanent verfügbar sind. Es geht also auch um den Umgang mit dem Gerät, das Ihrem Kind den Zugang zu den Social Media ermöglicht.

Herausforderung Smartphone: alles immer und überall

Vielleicht hatten Sie als Kind noch einen abschließbaren Fernseher. Oder Sie durften im Wohnzimmer am Computer der Eltern ins Internet. Ihre Eltern konnten danebenstehen oder Ihnen ab und zu über die Schulter schauen, um nachzusehen, was Sie da eigentlich treiben. Auch dass eine Spielkonsole nichts in der Schule zu suchen hat, haben Ihnen Ihre Eltern vermutlich begreifbar machen können. Durch das Smartphone aber ist heute alles immer und überall möglich. Dadurch sind Sie als Vater oder Mutter mit einer pädagogischen Aufgabe konfrontiert, die viel schwieriger zu lösen ist als die Ihrer eigenen Eltern.

Im Gegensatz zu Computer und Fernseher, die man in früheren Zeiten seinen Kindern einfach vorenthalten konnte, sind die Anwendungsmöglichkeiten der Smartphones so umfangreich, dass ihnen nicht mit einer pauschalen Reaktion angemessen begegnet werden kann: Die Geräte vereinen Telefon, Navigation, Bus-

und Bahnfahrplan, ÖPNV-Ticket, Taschenrechner (eventuell sogar für den Unterricht), Foto- und Videokamera, Radio, Musikplayer, Fernseher und Spielkonsole, um nur eine kleine Auswahl zu nennen. Das Smartphone gewährt Zugang sowohl zu nützlichen und produktiven Bildungs- und Informationsangeboten als auch zu sämtlichen Möglichkeiten von Entertainment und passiver Beriese lung.Es gibt sie also nicht, die eine Antwort auf die Herausforderung, die das Smartphone für Eltern und Kinder mit sich bringt. Eine differenziertere Betrachtung ist nötig.

Die Erziehungsziele herausfinden

Wenn Sie sich vergegenwärtigen, wie schnell die Entwicklung der sozialen Medien in Verbindung mit dem Smartphone ging und geht – Instagram ist gerade zehn Jahre alt geworden und TikTok feiert demnächst erst seinen dritten Geburtstag –, ist es beinahe selbstverständlich, dass Sie sich mit den meisten Spielen, Apps, Plattformen und Angeboten nicht auskennen. Sie haben schließlich noch andere Dinge zu tun. Und die meisten Beschäftigungsfelder Ihres Kindes entsprechen auch nicht unbedingt Ihrer Interessenlage. Ihr Kind aber kennt sich hervorragend mit den neuen Möglichkeiten aus. Wenn Kinder erst einmal im Besitz eines Smartphones sind, eignen sie sich die neuen Kulturtechniken in Windeseile an. Umso schneller, je mehr Zeit sie damit verbringen dürfen. Und je mehr Altersgenossen mitmachen – ab zwölf Jahren sind es wie gesagt 95 Prozent –, desto größer wird auch der Druck der Peergroup, „up to date" zu sein und über die neuesten Entwicklungen Bescheid zu wissen.

Das Erziehungsvakuum bei den sozialen Medien

Wie wir sehen werden, beinhalten leider alle neuen Chancen auch neue Risiken, die pädagogisch begutachtet und vielleicht auch reglementiert werden müssen. Dabei gibt es jedoch ein großes Problem:

→ **Es geht zu schnell**

> Die Geschwindigkeit der Entwicklung hat dazu geführt, dass zwischen den Gewohnheiten der Kinder und den pädagogischen Antworten von Eltern (und Lehrern) eine immer größere Lücke klafft. Mit anderen Worten: Wir Erwachsenen sind einfach nicht schnell genug. Und wir haben zu wenig Ahnung.

Deshalb überlassen manche Eltern die Entscheidung über die Nutzung der sozialen Medien mehr oder weniger ihren Kindern. Sie übertragen praktisch die Verantwortung an die Minderjährigen. Und das bei Fragestellungen, zu denen sie selbst noch keine Antwort gefunden haben: „Ich kenne mich nicht aus. Du wirst hoffentlich schon wissen, was gut für dich ist." Diesen Zustand kann man durchaus als ein „erzieherisches Vakuum" bezeichnen.

Wie lässt sich dieses Vakuum füllen? Sicher sollten Sie versuchen, sich mit den Plattformen, die Ihr Kind nutzt, so gut es geht vertraut zu machen – beispielsweise mithilfe dieses Ratgebers. Doch die Entwicklung geht so schnell, dass es sein kann, dass sich Ihr Kind schon bald mit einer neuen App beschäftigt, die heute noch völlig unbekannt ist. Neben der Vertrautheit mit einzelnen Plattformen hilft daher vor allem ein Grundverständnis für die Prinzipien der sozialen Medien (siehe S. 13). Außerdem sollten Sie sich vergegenwärtigen, welche Ziele Sie mit deren Nutzung verknüpfen.

Wozu nutzen Kinder soziale Medien?

Ein Kind, das einmal Popstar werden will, braucht andere Nutzungsmöglichkeiten als ein Kind, das sich vor allem informieren

und lernen soll. Schüchterne Kinder, die ihre Kontaktschwierigkeiten durch die sozialen Medien überwinden sollen, brauchen andere Regeln als Kinder, die sich vorwiegend zur Erholung und Unterhaltung dort aufhalten ...

Im Wesentlichen werden Social Media mit folgenden Zielen genutzt:

► **Unterhaltung und Entspannung** als Ausgleich zum anstrengenden Alltag.

► **Selbstbewusstsein** erlangen durch positive Resonanz und Erfolg.

► **Zugehörigkeitsgefühl** und Überwinden von Kontaktschwierigkeiten durch niederschwellige Möglichkeiten der Kommunikation.

► **Produktive und kreative Betätigung,** die beispielsweise unterforderte, extrovertierte Kinder auslasten kann.

► **Information und Wissenszuwachs** durch Lernen, Informieren, Recherchieren im Internet, zum Beispiel für Kinder, die Schulstoff schlecht von Lehrkräften annehmen können.

► **Geld verdienen** durch Kooperationen, Werbung, YouTube-Einnahmen, möglicherweise sogar im Sinne einer künftigen Berufsentscheidung.

Je nachdem, welche von diesen Möglichkeiten Sie nun für Ihr Kind erstrebenswert oder zumindest akzeptabel finden, können Sie sein Nutzungsverhalten in die entsprechende Richtung lenken. So können Sie beispielsweise ein größeres Zeitbudget für produktive Tätigkeiten mittels Videoschnitt- oder Bildbearbeitungs-Apps zur Verfügung stellen als für rein unterhaltenden Medienkonsum. Oder Sie können Ihrem Kind helfen, mit Messenger-Apps bereits bestehende Kontakte zu pflegen, gezielt neue zu knüpfen und die Tücken der rein schriftlichen Kommunikation erfolgreich zu bewältigen. Und natürlich können Sie

Ihrem Kind auch ganz gezielt informative und bildungsorientierte Apps und Onlineangebote vorschlagen, damit es seine Zeit bevorzugt damit verbringt.

Vier Erziehungsgrundsätze für die sozialen Medien

Wenn Sie den Umgang Ihres Kindes mit den sozialen Medien regulieren und es dadurch in seinem Verhalten einschränken, sollten Sie dabei folgende pädagogischen Grundsätze berücksichtigen:

1. Kinder brauchen klare Regeln, an denen sie sich orientieren können

Die meisten Kinder möchten es gern richtig machen. Das können sie aber nur, wenn Sie als Eltern nicht „herumeiern", sondern eindeutige Regeln aufstellen, beispielsweise: „Abends um 20 Uhr kommt das Handy auf den Küchentisch "

Zur Klarheit von Regeln gehört auch, dass Sie sie durchsetzen. Anders gesagt: Ihr Kind wird immer wieder versuchen, die Regeln zu brechen oder zu ignorieren, damit es sicher sein kann, dass Sie es wirklich ernst gemeint haben. Eine nicht durchgesetzte Regel hat für das Kind keine Bedeutung oder sie sorgt im schlimmsten Fall für ein schlechtes Gewissen bei Ihrem Kind, weil es etwas tun kann, von dem es weiß, dass Sie es eigentlich nicht wollen.

2. Kinder müssen Sinn und Absicht hinter einer erzieherischen Maßnahme erkennen

Erziehung sollte nicht willkürlich sein oder auf Launen beruhen, sondern auf Haltung und Werten und dabei erkennbare Ziele ver-

Tipp

Das Warum muss klar sein: Sie sollten Ihrem Kind immer wieder sagen, warum Sie eine Einschränkung vornehmen, zum Beispiel: „Bitte leg jetzt das Handy weg. Es ist wichtig, dass du auch ohne Musik einschlafen kannst und nicht vom Klassenchat immer wieder daran gehindert wirst." Dazu muss Ihnen das Warum Ihrer Maßnahmen natürlich zunächst selbst klar sein.

folgen. Beispielsweise wollen Sie Ihrem Kind die Priorität von Lernen gegenüber Unterhaltung vermitteln oder dafür sorgen, dass es genügend Schlaf hat. Das heißt nicht, dass Ihr Kind diese Ziele teilen oder sie richtig finden muss. Aber es muss wissen, was Sie mit einer erzieherischen Maßnahme bezwecken oder sich erhoffen.

3. Kinder wollen Mitsprache und Flexibilität

Idealerweise stellen Sie Regeln gemeinsam auf. Das heißt nicht, dass Sie demokratisch mit gleichem Stimmrecht beschließen, wie viele Stunden Ihr Kind am Bildschirm verbringen darf. Im Aushandeln kann Ihr Kind aber seine eigenen Erfahrungen mit Ihnen diskutieren und einbringen.

Gerade wenn es um die sozialen Medien geht, bei denen Ihr Kind vermutlich einen Erfahrungsvorsprung vor Ihnen hat, ist es wichtig, auch seine Meinung zu hören.

Flexibilität und klare Regeln widersprechen sich nur auf den ersten Blick. Wenn Ihr Kind am Ende der täglich vereinbarten Stunde Bildschirmzeit das Video noch fertig schauen will, kommt es darauf an, ob das „Zu-Ende-Schauen" noch 3 oder 15 Minuten dauert (Verhältnismäßigkeit) und ob das jeden Tag so ist. Ausnahmen bestätigen die Regel, nicht umgekehrt. Wichtig ist, dass die ursprüngliche Vereinbarung erkennbar bleibt und es einen guten Grund für die Flexibilität gibt.

4. Kritisieren Sie das Handeln, nicht das Kind

Irgendwann wird auch Ihr Kind vermutlich Dinge tun, die Sie nicht mögen. Möglicherweise setzt es sich über Regeln hinweg, enttäuscht Ihr Vertrauen oder handelt gegen gemeinsam getroffene Vereinbarungen. Dann ist es wichtig, dass Liebe als Grundlage Ihrer Erziehung erhalten bleibt.

→ **Liebevoll, aber konsequent**

Sie dürfen streng sein. Sie können dem Fehlverhalten Ihres Kindes Konsequenzen folgen lassen. Aber es muss weiterhin spüren, dass sich Ihr Ärger gegen sein konkretes Verhalten richtet und nicht allgemein gegen seine Persönlichkeit.

Im Wesentlichen kommt es dabei darauf an, wie Sie sich gegenüber Ihrem Kind äußern: „Du bist so dumm! Ständig hängst du an deinem Gerät und verblödest allmählich." Mit dieser Aussage hat Ihr Kind in erster Linie das Gefühl, nicht angenommen zu werden, und es wird sich vermutlich noch mehr in die tröstende Welt der sozialen Medien flüchten. Außerdem weiß es nach Ihrem Ausbruch nicht, was es konkret tun soll, um die Situation zu bereinigen. Die bessere Reaktion wäre zum Beispiel: „Wir hatten vereinbart, dass du erst die Hausaufgaben machst, bevor du in den Gruppenchat gehst. Ich bin sauer, dass du dich daran nicht hältst. Gib jetzt bitte das Handy ab. Du kannst es vor dem Abendessen noch mal eine halbe Stunde bekommen."

Die Erziehungsgrundsätze in der Praxis

Wie genau die Regeln bei Ihnen zu Hause lauten und in welchen Bereichen es immer wieder zu Diskussionen kommt, ist individuell verschieden. Typische alltägliche Situationen, in denen die zuvor beschriebenen Erziehungsgrundsätze zur Anwendung kommen sollten, sind jedoch die folgenden Klassiker im Umgang mit sozialen Medien und Smartphones:

Tipp

Soziale Medien nicht als Belohnung nutzen:
Häufig wird die Nutzung des Smartphones zur Belohnung eingesetzt. „Wenn du Mathe gemacht hast, darfst
du eine halbe Stunde spielen." Damit wird eine Trennung
des Alltags in angenehme Freizeit und unangenehme
Pflichten etabliert, wie sie auch im Erwachsenenalter häufig
als gegeben angenommen wird. Für die konsumorientierte
Wirtschaft ist das zwar hervorragend, unterschlagen wird
dabei jedoch, dass auch eine erfolgreich gelöste Aufgabe,
eine bestandene Prüfung und das Ergebnis einer anstrengenden Tätigkeit erfreulich sein können. Versuchen Sie, das
verbreitete Pflicht-Belohnungs-Schema möglichst zu vermeiden. Auch Anstrengung kann schön sein. Und Berieselung kann auch lustlos machen.

▶ **Soziale Medien und Schlaf:** Jedes Kind braucht Schlaf, oft
aber wird es daran durch Angebote und Verlockungen der sozialen
Medien eher gehindert. Deshalb sollten Smartphones ab einer gewissen Uhrzeit nicht mehr benutzt und am besten sichtbar zum
Beispiel auf dem Küchentisch abgelegt werden.

▶ **Soziale Medien und Lernen:** Wenn Ihr Kind aus der Schule
kommt, ist ein persönlicher Austausch über die Erlebnisse des Tages
fruchtbarer als eine Erholungspause in den sozialen Medien. Manche Forscher vermuten sogar, dass Mediennutzung nach der Schule
die Speicherung des dort gelernten Stoffes eher behindert und die
Konzentrationsfähigkeit für die Hausaufgaben senkt.

▶ **Soziale Medien und Gemeinschaft:** Die Smartphone-Nutzung darf nicht in Konkurrenz zu anderen Formen des sozialen
Miteinanders treten. Also haben die Geräte nichts in einer analogen
Gesprächssituation beim Treffen mit Freunden oder beim gemeinsamen Abendessen zu suchen. Damit sich in Familien auch die Er-

wachsenen an diese Regel halten, hat sich die Einführung eines „Handyturms" bewährt, auf den alle ihr (ausgeschaltetes) Smartphone zu Beginn des Essens ablegen.

Technische Mittel nur als Ergänzung

Im nächsten Kapitel erfahren Sie mehr über die Risiken der sozialen Medien. Und im weiteren Verlauf des Ratgebers lernen Sie dann ganz konkrete Möglichkeiten kennen, diesen Risiken mit technischen Mitteln zu begegnen. An dieser Stelle ist es aber wichtig, dass Sie sich bewusst machen, dass technische Mittel nur eine Ergänzung sind und Ihre erzieherische Beteiligung keinesfalls ersetzen sollten:

→ Kein Ersatz für Erziehung

Technische Einschränkungen können hilfreich sein. Aber für echte Erziehung ist Beziehung wichtig. Nutzen Sie deshalb wo immer möglich die Gelegenheit, den Umgang mit den sozialen Medien persönlich zu regeln.

Beispiel: Beschränkung der Bildschirmzeit

Nehmen wir als einfachstes Beispiel die Bildschirmzeit, also die Zeit, die Ihr Kind am Tag mit dem Smartphone verbringen darf. Wenn es sich um ein Gerät von Apple handelt, kann ein Smartphone so eingestellt werden, dass es nach der vereinbarten Zeit einfach gesperrt ist (siehe S. 172). Damit wird die klare Regel durchgesetzt und Sie ersparen sich Diskussionen um eine mögliche Verlängerung.

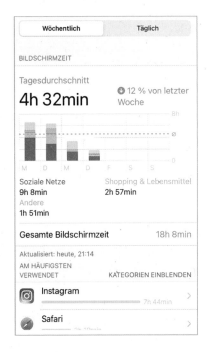

Das persönliche „Mach jetzt bitte aus" bringt Sie jedoch in Kontakt mit Ihrem Kind. Sie haben die Gelegenheit, zu erfahren, was es gerade treibt. Vielleicht gibt es sogar einen guten Grund, die vereinbarte Zeit um ein paar Minuten auszudehnen. Oder Sie können sich über die Inhalte der eben geschauten Videos oder Posts austauschen. Auf jeden Fall bringt die persönliche Durchsetzung der Regel Ihre Haltung zum Ausdruck und bestätigt Ihrem Kind, dass Sie immer noch dahinterstehen. Außerdem ermöglichen Sie es durch Ihre Anwesenheit, immer mal wieder über die Regeln zu diskutieren und sie gegebenenfalls anzupassen.

Idealerweise sollte Ihr Kind sich am Ende einer vereinbarten Nutzungsdauer selbst vom Spiel bzw. Smartphone lösen und es abgeben. Das fördert seine Autonomie und ist wirkungsvoller als ein automatisches Abschalten oder zwangsweises „Entreißen" durch die Eltern.

Beispiel: Beschränkung der Inhalte

Auch Inhalte lassen sich mit Filtern und Einstellungen beschränken (siehe beispielsweise S. 124 für TikTok sowie S. 178 und S. 186). Wertvoll ist es aber auf jeden Fall, wenn Ihr Kind weiß, warum Sie bestimmte Einschränkungen vornehmen. Auch viele Inhalte, die keine Altersbeschränkung haben und deshalb nicht filterbar sind, brauchen Ihre Begleitung. Wenn Ihre Tochter beispielsweise die Beauty-Instagrammerin abonniert, deren Beiträge von Werbung durchtränkt und konsumorientiert sind, ist es für Sie als Eltern wichtig, zu wissen, warum Ihr Kind an diesem Thema Gefallen findet und es abonniert hat.

Wann sind technische Mittel sinnvoll?

Die persönliche Beschäftigung mit der Mediennutzung Ihres Kindes hält Sie also mehr in Kontakt als technische Rigorosität. Dennoch können Sie das als Eltern natürlich nicht immer leisten. Zu vielseitig sind die Angebote, und auch rein zeitlich ist eine persönliche Begleitung nicht immer möglich. Sie sind ja oft gar nicht dabei, wenn das Kind in den sozialen Medien unterwegs ist. Und Sie wollen sich auch nicht jeden Abend damit beschäftigen, sondern selbst entspannen.

Wichtig ist also, dass Sie grundsätzlich einen guten Kontakt mit Ihrem Kind behalten und dass es weiß, warum Sie eine inhaltliche und zeitliche Kontrolle seiner Mediennutzung für nötig halten. Bis es gelernt hat, bestimmte Regeln von allein einzuhalten, sind Eltern-Kontroll-Apps, Filter und Einstellungen eine gute Ergänzung, um schlimme Risiken zu vermeiden oder erwünschte Gewohnheiten zu kontrollieren.

Die dunklen Seiten der sozialen Medien

Wenn Ihr Kind auf seinem Smartphone herum-
tippt, kann es gerade alles Mögliche tun: eine
Nachricht schreiben, ein Video kommentieren,
ein Produkt bestellen, ein Spiel spielen oder
ein Bild versenden. Vielleicht erkundigt es sich
nach den Hausaufgaben. Vielleicht antwortet
es aber auch auf die dubiose Nachricht eines
Unbekannten. Das Problem ist: Sie wissen es
nicht. Doch der beste Schutz vor jeder Gefahr
ist, sie zu kennen.

Unkontrollierte Kontakte

Wie wir im ersten Kapitel bereits festgestellt haben, ist ein wesentliches Merkmal der sozialen Medien, dass die Nutzer nicht nur konsumieren, sondern auch selbst etwas beitragen. Am häufigsten werden Social-Media-Apps deshalb zur Kommunikation und zum Austausch von Informationen, Bildern, Videos oder Links verwendet. Dafür gebrauchen die meisten eine Messenger-App. Am beliebtesten ist nach wie vor WhatsApp, das von 96 Prozent aller Jugendlichen, aber auch über alle Altersgruppen hinweg sehr häufig genutzt wird. Vor allem bei jüngeren Nutzern sehr verbreitet ist außerdem Snapchat, das immerhin 25 Prozent der 14- bis 29-Jährigen verwenden. Auch die meisten anderen Apps wie Instagram, Facebook, TikTok und Twitter bieten die Möglichkeit zur Kommunikation über Kommentare, Direktnachrichten und Gruppenchats. Sie alle ersetzen ein Stück weit auf digitale Weise den Kontakt zur Peergroup, der in Ihrer Kindheit vielleicht noch vornehmlich auf dem Schulhof oder im Park stattgefunden hat. Durch die digitalen Plattformen sind die potenziellen Kontaktmöglichkeiten allerdings enorm angewachsen. Und darin steckt die erste Gefahr.

Unbekannte Gruppenmitglieder

Messenger-Apps wie WhatsApp oder Telegram bieten die Möglichkeit, Gruppen anzulegen. Es genügt, wenn eine Mitschülerin Ihres Kindes dessen Mobilnummer kennt, damit sie es zu einer Gruppe

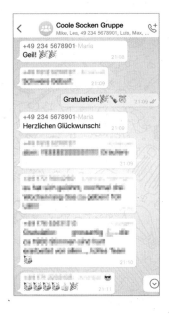

hinzufügen kann. Auch darüber, wer zu einem späteren Zeitpunkt in die Gruppe aufgenommen wird, entscheiden der Administrator oder die Administratoren der Gruppe. (Immerhin muss man inzwischen die Zugehörigkeit selbst bestätigen und kann in den Einstellungen verhindern, dass man Gruppen zugefügt wird, siehe S. 152. Früher konnte man nur nachträglich wieder austreten.)

Sind Mitglieder der Gruppe in der Kontakteliste Ihres Kindes enthalten, werden ihm deren Namen angezeigt. Bei unbekannten Gruppenteilnehmern sieht es nur die Mobilnummer. Alle Nachrichten, die nun in dieser Gruppe ausgetauscht werden, können von allen Mitgliedern gelesen und beantwortet werden.

Wenn Ihr Kind also Nachrichten, Fotos, Videos oder Links in diese Gruppe postet, erreicht es damit bei WhatsApp bis zu 256 Menschen – bei anderen Messenger-Apps sind sogar noch größere Gruppen möglich. Mit einem Klick gibt es damit möglicherweise mehr Menschen Informationen

Tipp

Begegnen Sie diesen Gefahren gemeinsam:
Wenn Sie Ihr Kind vor den Gefahren, die in den sozialen Medien unbestreitbar lauern, beschützen wollen, geht das nur, wenn Sie sich dieser Risiken bewusst sind. Da Sie (zum Glück) nicht immer danebensitzen, wenn Ihr Kind gerade online ist, sollte auch Ihr Kind diese Gefahren kennen. Lesen Sie dieses Kapitel deshalb am besten mit Ihrem Kind zusammen oder erklären Sie ihm zumindest die beschriebenen Gefahren. Dann kann es sich selbst besser schützen und versteht, warum Sie bestimmte Einstellungen an den Apps vornehmen möchten.

Tipp

Augen auf bei Telegram: Ursprünglich wurde der Messenger-Dienst Telegram von besonders datenschutzbewussten Nutzern als Alternative zu WhatsApp bevorzugt. In letzter Zeit ist die App aber in Kritik geraten. Da man dort eben relativ ungestört und unbeobachtet kommunizieren kann, versammeln und organisieren sich auf Telegram offenbar auch Terroristen und Verschwörungstheoretiker. Für diese ist auch attraktiv, dass Telegram riesige Gruppengrößen mit zu 100 000 Mitgliedern ermöglicht. Wenn Ihr Kind diese App installiert hat, heißt das natürlich nicht zwangsläufig, dass es Kontakt zu dubiosen Kreisen hat. Dennoch sollten Sie besonders genau darauf achten, in welcher Art von Gruppen Ihr Kind aktiv ist. Deutlich sicherer als andere Apps im Hinblick auf den Datenschutz ist Telegram übrigens nicht, von der Stiftung Warentest wurde der Messenger zuletzt mit „kritisch" bewertet.

über sich preis, als in einem durchschnittlichen Kinosaal Platz finden. Von vielen dieser Nutzer kennt Ihr Kind nichts außer der Telefonnummer. Und je mehr Nummern statt Namen in der Gruppenliste zu sehen sind, desto mehr Teilnehmer in dieser Gruppe sind Ihrem Kind unbekannt.

Der Nachteil der Anonymität

Stellen Sie sich vor, Ihr Kind kommt aus der Schule und klagt: „Der Juri hat mich beleidigt." Dann können Sie darüber miteinander sprechen und falls nötig bei Juri oder seinen Eltern anrufen und die Sache klären. Findet eine entsprechende Kommunikation jedoch über einen Social-Media-Kanal statt, ist das oft nicht so einfach.

Ok Boomer, bist du dumm oder hast du so wenig Ahnung? Nur weil man eine lächerliche Kappe aufzieht und eine rote Brille, ist man noch lange nicht Fame ...

Am besten löscht du dein Kanal oder legst dich in dein Sarg du Nixblicker

Sie müssen erst einmal herausfinden, wer juri_12307 überhaupt ist, ob er wirklich Juri heißt, wo er wohnt und wie man ihn oder seine Eltern kontaktieren kann. Wenn Ihnen das zu kompliziert ist, können Sie natürlich theoretisch Juris Account auch auf der App Ihres Kindes blockieren. Aber vielleicht kommt dann morgen eine juli_12308 mit ähnlichen Botschaften – und die unangenehme Kommunikation geht weiter.

Unbekannte „Freunde"

Möglicherweise haben Sie selbst einen Facebook-Account und damit die Erfahrung gemacht, dass Sie gar nicht mehr alle „Freunde" persönlich kennen. Auch auf XING oder LinkedIn haben Erwachsene häufig Kontakte, die ihnen nur flüchtig bekannt sind. Mit vielen Menschen vernetzt oder befreundet zu sein, gilt ein Stück weit auch als Statussymbol, und nicht nur Kinder definieren ihre Bedeutung über die Anzahl an Followern oder die Größe ihrer digitalen Community.

→ **Follow für Follow**

Eine gängige Praxis unter Jugendlichen, um die eigene Community zu vergrößern, nennt sich „Follow für Follow": Man folgt einem anderen, der einem im Gegenzug ebenso folgt. Das führt natürlich unweigerlich dazu, dass Ihr Kind in Kontakt mit Menschen kommt, die es aus dem wirklichen Leben gar nicht kennt.

Aber was ist an unbekannten „Freunden" überhaupt problematisch? Vielleicht haben Sie schon einmal davon gehört, dass wir 80 bis 90 Prozent unserer Kommunikation nicht über Worte, sondern über die Körpersprache und den Stimmklang transportieren. So können wir zum Beispiel einschätzen, ob unser Gegenüber ehrlich ist oder lügt. Außerdem können wir Auge in Auge auch wichtige Informationen wie das Alter und das Geschlecht überprüfen. Wir

Tipp **Im Zweifel nachfragen und die Identität bestätigen:** Bei jeder ungewöhnlichen Anfrage, Einladung oder Aufforderung sollte es für Ihr Kind selbstverständlich sein, mit Ihnen Rücksprache zu halten. Manchmal lässt sich auch durch einen kurzen Anruf beim Schreibpartner bestätigen, ob es sich wirklich um die vorgegebene Person handelt.

sehen auch, ob es sich um eine eher schüchterne, kleine Person handelt oder um eine starke, selbstbewusste.

All das ist bei einer Kommunikation über die Social Media nur schwer möglich. Mit Worten und Emojis lässt sich zwar vieles ausdrücken, aber die Gefahr, dass man eigentlich mit einem völlig anderen Menschen schreibt, als man denkt, ist immer vorhanden.

Falsche Identität

Unter tobi3696 kann sich der Nachbar Tobias verbergen, der am 3. Juni 1996 Geburtstag hat. Es kann aber auch Manfred aus Wuppertal sein, 60 Jahre alt, der sich in seiner Freizeit gerne mit 12-Jährigen unterhält. Sie können es aufgrund des Accountnamens nicht sicher wissen und auch nicht herausfinden.

Sogar bekannte Namen können falsch sein, denn immer wieder werden Plattformen gehackt. Falls Sie sich darüber wundern, dass eine Klassenkameradin Ihrer Tochter neuerdings sehr merkwürdige Nachrichten schreibt, sollten Sie also die Möglichkeit in Betracht ziehen, dass dahinter vielleicht jemand ganz anderes steht.

Cybergrooming

Eine besondere Gefahr besteht, wenn Menschen mit krimineller Energie ganz gezielt nach einem potenziellen Opfer für sexuelle Belästigung oder sexuellen Missbrauch suchen. Sie umschmeicheln es dabei zunächst, zum Beispiel durch positive Kommentare unter TikTok-Videos, stellen dann vielleicht auch auf anderen Plattformen einen Kontakt her, zum Beispiel über Instagram oder Spiele-Apps, und erschleichen sich auf diese Weise ein trügerisches Vertrauen: Man ist sich ja schon an verschiedener Stelle begegnet und hat positive Erfahrungen gemacht.

Nach dieser scheinbar harmlosen Kontaktaufnahme platzieren die Täterinnen oder Täter dann Anfragen nach Fotos und Videos oder beginnen allmählich einen erotischen Chat mit den Minderjährigen. Im schlimmsten Fall gibt Ihr Kind aufgrund des Vertrauensverhältnisses seine Kontaktdaten oder die Telefonnummer preis, sodass es zu Stalking oder einer echten Verabredung mit schlechten Absichten kommen kann.

→ **Keine Kontaktdaten preisgeben!**

Genauso wie Kindern seit jeher eingebläut wird, niemals zu Fremden ins Auto zu steigen, sollte Ihr Kind wissen, dass die Weitergabe von Kontaktdaten an Fremde gefährlich ist und erst nach Absprache mit den Eltern erfolgen darf – egal, wie „nett" die Person zunächst erscheint. Diese Regel sollten Sie fest vereinbaren.

Verlust der Zeitkontrolle

Im ersten Kapitel haben Sie erfahren, dass es zum Geschäftsmodell der Social-Media-Plattformen gehört, ihre Nutzer möglichst lange an sich zu binden. Das gilt übrigens genauso für Streaming-Dienste wie Amazon Prime oder Netflix, die sich schon allein dadurch vom gezielten Schauen einer Sendung im Fernsehen oder auf DVD unterscheiden, dass Ihnen beim Anschalten zahlreiche Vorschläge gemacht werden, die Sie interessieren könnten. Als Eltern bringt Sie dieser Mechanismus in eine Verteidigungshaltung, da bei Ihren Kindern durch die Vorschläge sofort Bedürfnisse geweckt werden. Sternchen-Bewertungen oder Angaben wie „95 Prozent der Zuschauer mochten diesen Film" wirken verstärkend als sogenannter Social Proof: Offenbar finden alle anderen das gut – wer will da als Eltern schon Nein sagen?

→ **Das Geheimnis erfolgreicher YouTube-Videos**

Auch der Videoplattform YouTube geht es darum, die Nutzer möglichst lange zu binden. So wird die Qualität von Videos daran bemessen, wie lange die Zuschauer bei der Stange bleiben und was sie nach dem Ende des Videos tun. Das Schlimmste, was aus Sicht der Plattform nach einem Video passieren kann, ist ein vollinformierter Zuschauer, der nun befriedigt das Smartphone weglegt und etwas anderes macht. Dann wird das Video möglicherweise sogar weniger häufig vorgeschlagen. Denn das Ziel ist nicht umfassende Information, sondern eine möglichst lange „Watchtime" beim Zuschauer zu erreichen.

Wie TikTok die Aufmerksamkeit der Nutzer fesselt

Besonders einfallsreich sorgt TikTok für eine ausgedehnte Verweildauer: Unmittelbar nach dem Öffnen der App beginnt schon der erste Videoclip zu spielen. Dabei handelt es sich nicht um einen abonnierten Kanal, sondern um einen Neuvorschlag. Sie kennen das Prinzip aus dem Kleidungsgeschäft: Die Herrenbekleidung und die Basics, die man ohnehin kaufen wollte, liegen hinten oder im oberen Stock. Die Angebote und die Impulsware kommen gleich vorne beim Eingang. Bei TikTok wird also gleich neuer Content vorgeschlagen und erst wenn man selbst zum Abo-Feed umschaltet, bekommt man seine abonnierten Kanäle zu Gesicht. Außerdem wird jedes Video nach dem Betrachten sofort wiederholt – so lange, bis der Nutzer durch Wischen nach oben das nächste aktiviert. Dadurch entsteht ein unablässiger Strom von Unterhaltung, der perfekt an die Bedürfnisse, Vorlieben und Gewohnheiten Ihres Kindes angepasst ist.

Wenn Sie nicht wollen, dass Ihr Kind den ganzen Tag mit diesen Apps und Streaming-Diensten verbringt, sollten Sie sich zunächst klarmachen, dass Sie es mit gewieften und sehr mächtigen Gegenspielern zu tun haben. Die Plattformen verfolgen klare wirtschaftliche Interessen und wissen ganz genau, wie sie Bedürfnisse erzeugen und so befriedigen können, dass das Verlangen nach mehr bleibt. Um sich dagegen zu wehren, brauchen Sie Willen, Haltung und starke Gründe.

Ständige Erreichbarkeit und Gruppendruck

Neben dem riesigen Angebot an Unterhaltung, Information und Berieselung sorgen auch die Kommunikations- und Messenger-Apps für einen großen Zeitaufwand, der nur schwer kontrollierbar ist. Dazu sollten Sie sich vergegenwärtigen, dass die entsprechenden Plattformen und Tools das wichtigste Grundbedürfnis befriedigen, das Kinder und Jugendliche haben: dabei sein und mitreden können!

Dieser Austausch findet heute in Form von Gruppenchats auf WhatsApp oder anderen Plattformen statt, manchmal live und mit Video, oft aber auch nur nebenbei mit Text- oder Sprachnachrichten. Auf dem Smartphone-Bildschirm Ihres Kindes können Sie deshalb möglicherweise beobachten, dass ständig Benachrichtigungen aufscheinen. Die meisten Kinder und Jugendlichen sind nämlich gleichzeitig in mehreren Gruppenchats aktiv, die sie teilweise passiv mitverfolgen, in denen sie aber auch immer wieder auf Nachrichten reagieren müssen. Das muss gar kein substanzieller Beitrag sein, aber ein passendes Emoji wird von den anderen als Zeichen der Teilnahme schon erwartet.

→ (Kein) Smartphone bedeutet Stress

Schon die pure Erreichbarkeit kann für Ihr Kind zum Stressfaktor werden. Wenn es sein Gerät einmal abschaltet, weglegt oder gar als erzieherische Maßnahme abgenommen bekommt, ist es vom Informationsfluss abgeschnitten. Die Katastrophe, die in Ihrer Kindheit ein Hausarrest bedeutete, wird heute schon durch einen leeren Handyakku hervorgerufen. Der Verlust des Smartphones ist heute oft gleichbedeutend mit dem temporären Ausschluss aus der Gruppe.

Auf Apps wie Snapchat wird der Wunsch nach ständigem Kontakt zu Freunden und Bekannten sogar noch durch ein Belohnungssystem angeheizt: Wer sich regelmäßig oder besonders oft mit seinen Freunden austauscht, bekommt Herzchen oder Flammen neben seinem Namen angezeigt. Durch solche Systeme wird natürlich nicht unbedingt die inhaltliche Qualität der Kommunikation erhöht, sondern lediglich die Frequenz. Dennoch tragen viele Kinder diese öffentlichen Auszeichnungen mit dem gleichen Stolz, wie Sie sich vielleicht die Ehrenurkunde aus dem Sportunterricht ins Zimmer gehängt haben.

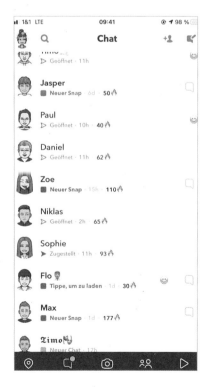

Natürlich baut Snapchat durch diese ausgeklügelten Belohnungssysteme auch einen enormen Druck auf, der zu einer Belastung werden kann. Denn sobald Ihr Kind einen Tag nicht „snappt" – vielleicht weil es lernen muss, Sie gemeinsam die Großeltern besuchen oder ein Fußballturnier ansteht –, trägt es die Verantwortung für die Unterbrechung der Serie. Und dann sind die Belohnungssymbole auch für den Freund oder die Freundin verschwunden ...

Immer und überall

Nicht nur die Zeitdauer, die Ihr Kind am Tag in den sozialen Medien verbringt, sondern auch der Zeitpunkt der Nutzung spielt eine Rolle. Die Frage ist also nicht nur, wie lange Ihr Kind sich mit den Apps beschäftigt, sondern auch wann.

Die Angebote der analogen Welt sind im Gegensatz zu den digitalen Beschäftigungen nicht immer verfügbar, begrenzt und endlich. Ein Fußballtraining dauert 90 Minuten, die Schule ist irgendwann aus. Ein Buch hat eine letzte Seite. Früher gab es sogar noch einen Sendeschluss im Fernsehen. Falls Sie noch zur Generation gehören, die „Löwenzahn" oder „Pusteblume" geschaut hat, erinnern Sie sich vielleicht daran, dass Peter Lustig am Ende jeder Sendung zum „Abschalten!" aufforderte. Darauf wird Ihr Kind heute vergeblich warten.

Zugleich gibt es viele Momente im Tagesablauf, an denen anderes wichtiger sein sollte als die Nutzung sozialer Medien und Apps – zum Beispiel während der Schule, während der Hausaufgaben, beim gemeinsamen Essen oder während einer Unterhaltung mit anderen. Fraglich ist auch, ob Ihr Kind beim Zähneputzen oder Waschen parallel Videos schauen oder Nachrichten verschicken muss, statt sich einfach mal auf diese Tätigkeiten zu konzentrieren.

Setzen Sie Prioritäten!

Die Nutzung der sozialen Medien alleine durch Zeitbudgets zu reglementieren, greift also zu kurz. Hier hilft nur klare Prioritätensetzung. Sie brauchen eine Liste von Betätigungen, die Ihnen einfach wichtiger sind, die zuerst getan werden müssen oder bei denen es ungesund oder einfach nur unhöflich ist, parallel auf das Smartphone zu schauen. Damit für Schule, Hausaufgaben, Familie, Freunde, Gespräche, Hobbys, Sport und natürlich auch Körperpflege noch ausreichend Zeit ist, muss der nie versiegende Zustrom alternativer Angebote bewusst eingeschränkt werden.

Richtwerte für die tägliche Nutzungsdauer:
Die EU-Initiative klicksafe (klicksafe.de) empfiehlt für
Kinder bis zu drei Jahren maximal fünf Minuten Screen-
time am Tag. Für 4- bis 6-jährige sind ca. 20 Minuten in
Ordnung, wenn auch nicht unbedingt täglich. Für Kinder im
Alter von 7 bis 10 Jahren wird eine tägliche Nutzungsdauer
von 30 bis 45 Minuten empfohlen, 10- bis 13-Jährige soll-
ten ein Wochenbudget erhalten, das ca. eine Stunde pro
Tag vorsieht. Bei älteren Jugendlichen sollten die Nutzungs-
zeiten weiterhin geregelt sein, wobei hier individuellere
Lösungen sinnvoll sind.

Unbedachte Postings

Gehören Sie zu den 20 Prozent der Deutschen, die tätowiert sind?
Dann haben Sie vermutlich lange darüber nachgedacht, welches
Motiv oder welche Textzeile Sie sich in die Haut stechen lassen.
Nicht nur, weil der Vorgang schmerzvoll ist, sondern auch, weil Sie
davon ausgehen müssen, dass das Tattoo lebenslang an dieser Stel-
le zu sehen sein wird. Ähnlich ist es mit den Texten, Bildern und
Videos, die Ihr Kind auf den sozialen Medien postet. Das ist zwar
mit weniger großen Schmerzen verbunden, jedoch kann es später
durchaus schmerzhaft werden, wenn Ihr Kind realisiert, dass die
Haltbarkeit von Posts noch länger sein kann als die von Tattoos.

Posts verschwinden nicht einfach

Für eine der größten Gefahren in den sozialen Medien ist Ihr Kind
selbst verantwortlich. Aus Unachtsamkeit, Eitelkeit, Leichtsinn
oder im Affekt könnte es anderen Informationen zur Verfügung

stellen und das im nächsten Moment – oder viele Jahre später – bereuen. Dass diese Gefahr manchmal unterschätzt wird, liegt an der Illusion, das Bild oder die Textzeile wären dank der Schnelllebigkeit und Anonymität des Internets schon morgen von neuen Informationen überdeckt und damit quasi unsichtbar. Aber diese Einschätzung ist so realistisch wie die Hoffnung, durch das Vorhalten der Hände beim Versteckspiel nicht gefunden zu werden.

→ **Unsichtbar ist nicht gelöscht**

Auch wenn Posts schon einige Minuten später in der Timeline nach unten gerutscht sind, sind die Daten immer noch auf der Plattform. Selbst Instagram-Storys, Snapchat-Posts oder die neuen „ablaufenden Nachrichten" auf WhatsApp, die nur wenige Sekunden bis 24 Stunden lang sichtbar bleiben, können per Screenshot (Bildschirmfoto) für die Ewigkeit festgehalten und von anderen immer wieder neu gepostet werden.

Warum unbedachte Posts riskant sind

Von unbedacht ins Netz entlassenen Posts können für Ihr Kind ganz reale Gefahren ausgehen: Manches, was aus Spaß ins Netz gestellt wird, kann für ernsthafte Nachteile in Schule und Beruf sorgen. Denn nicht nur Freunde, sondern auch Lehrer, Ausbilder, Chefs, potenzielle Arbeitgeber oder Arbeitskollegen googeln inzwischen regelmäßig nach Bewerbern, Schülern und Mitarbeitern.

Wenn Ihr Kind auf einer Party gefeiert hat und dann entsprechende Gruppenfotos gepostet werden, ist es in diesem Moment sicher glücklich, dazuzugehören. „Ich bin Teil der Gruppe" ist eine der wichtigsten Bestätigungen, die Teenager erfahren wollen. Grundsätzlich ist dagegen auch nichts einzuwenden. Schließlich ist es mittlerweile üblich, auch private Momente im Netz zu teilen, und die bloße Tatsache, dass junge Menschen auch mal ausgelassener feiern, dürfte Personaler auf der Suche nach jungen Talenten heute nicht mehr abschrecken – natürlich nur, sofern keine ausgesprochene Disziplinlosigkeit in den Bildern zum Ausdruck kommt. Auf jeden Fall sollte sich Ihr Kind darüber im Klaren sein, dass seine Postings für jeden und auf Dauer zugänglich bleiben. Wenn ein Jugendlicher beispielsweise mit illegalen Drogen experimentiert, ist das ohnehin schon riskant, ein für alle Zeit im Netz verfügbares „Beweisfoto" kann jedoch langfristig ein echtes Problem werden. Gleiches gilt für extreme politische Statements, Darstellungen mit verbotenen Symbolen oder andere „Jugendsünden", die Ihr Kind, selbst wenn es sie schon bald aufrichtig bereut, aufgrund der Spuren in den sozialen Medien vielleicht noch lange verfolgen.

Die Grenzen des Vertrauens

Auch Beziehungen werden häufig in den sozialen Medien durch Posts bekräftigt. Schließlich ist das offizielle „Knutschbild" mit der Freundin ein Bekenntnis, das sie sich vielleicht sogar gewünscht hat. Oder das Video, das sie in aufreizender Pose zeigt, zeugt vom Vertrauen und der Vertraulichkeit, die beide miteinander erleben. Jedoch wird auch Ihr Kind die Erfahrung machen, dass nur die wenigsten Beziehungen aus der Jugendzeit ein Leben lang halten. Das kann riskant werden, vor allem wenn intime Details verraten oder sogar erotische (Nackt-)Fotos und Videos ausgetauscht wurden. Schon immer mussten Jugendliche damit umgehen, dass der Ex eventuell über sie lästert und die ehemals beste Freundin plötzlich zur erbitterten Feindin wird. Doch wenn ursprünglich im Vertrauen geteilte Fotos und Videos in diesen Konflikten zur „Waffe" werden, sind die Folgen deutlich verheerender, weitreichender und langfristiger, als es früher in der analogen Welt der Fall war.

Auch schriftliche Kommunikation ist nicht ohne Risiko

Genauso können auch reine Textbotschaften Freundschaften zerstören. Gerade in Chats wird häufig gelästert. Im Gegensatz zum ebenso unangenehmen Klatsch und Tratsch auf Partys bleiben diese Indiskretionen jedoch lange schwarz auf weiß erhalten.

Einmal-E-Mail-Adresse nutzen: Für die Anmeldung ist bei vielen Diensten die Eingabe der Mailadresse erforderlich. Wenn Sie nicht sicher sind, ob Sie oder Ihr Kind dauerhaft davon Gebrauch machen wollen, oder wenn Ihnen der Anbieter nicht zu 100 Prozent seriös vorkommt, nutzen Sie bei der Anmeldung besser nicht die eigene Mailadresse. Im Internet können temporäre Mailaccounts erstellt werden, die dann nur 10 oder 20 Minuten lang existieren. Auf diese Weise können Sie sich die Anonymität des Internets selbst zunutze machen.

Immer wieder äußern WhatsApp-Nutzer ihre Erleichterung darüber, dass neu hinzugefügte Gruppenmitglieder den früheren Chatverlauf nicht lesen können. Offenbar ist es also recht üblich, sich über Nicht-Anwesende auszutauschen. Aber auch hier braucht es nur einen Screenshot und die Gemeinheiten sind wieder lebendig und stehen im Raum.

→ **Grundregel für die Kommunikation**

Vielleicht haben Sie auch schon einmal aus Versehen eine Mail an eine falsche Person geschickt oder beim Antworten übersehen, dass die Chefin in der Adressatenliste stand. Solche Momente können peinlich sein, aber auch Freundschaften und Arbeitsverhältnisse zerstören. Deshalb ist es sinnvoll, Ihrem Kind auch für die sozialen Medien den Grundsatz beizubringen: „Sage nie über einen anderen in seiner Abwesenheit Dinge, die du ihm nicht auch ins Gesicht sagen könntest."

Sorgsam mit persönlichen Daten umgehen

Besonders wichtig ist auch die Sorgfalt im Umgang mit persönlichen Daten und mit Hinweisen zum Aufenthaltsort. Wenn Ihr Kind auf YouTube, Instagram oder TikTok öffentlich Fotos und Videos von sich postet, besteht immer die Möglichkeit, dass Zuschauer diese Person auch einmal „in echt" kennenlernen wollen. Daraus können durchaus nette Begegnungen entstehen. Je nach Bekanntheit und Reichweite können solche „Fanbesuche" aber auch schnell unangenehm oder sogar gefährlich werden (siehe S. 43).

Deshalb ist es besser, wenn Ihr Kind seinen Nachnamen, die Adresse oder die Handynummer nicht preisgibt. Da solche Informationen im Streit auch mal von anderen veröffentlicht werden, kann es hilfreich sein, das Posten dieser Daten sogar unmöglich zu machen. Viele Apps bieten die Möglichkeit, eine Blacklist anzulegen, in die Ihr Kind neben persönlichen Daten auch Schimpfwörter, übliche Beleidigungen oder andere Begriffe eintragen kann, nach denen dann Kommentare oder Posts vor der Veröffentlichung durchsucht werden (siehe S. 99 für Instagram und S. 118 für TikTok).

Psychische Verletzungen

Welche Bedeutung die sozialen Medien für Ihr Kind haben, wird klar, wenn Sie sich die Maslowsche Bedürfnispyramide ansehen, die auf vereinfachende Art und Weise menschliche Bedürfnisse und Motivationen in einer hierarchischen Struktur beschreibt. Am wichtigsten sind die untersten physiologischen Bedürfnisse, also Atmung, Wasser, Nahrung, Schlaf, Fortpflanzung und Schutz vor Witterungseinflüssen. Sind diese erfüllt, brauchen wir Menschen das Gefühl, in Si-

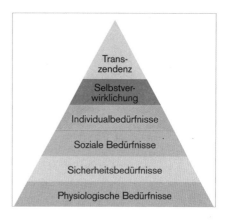

cherheit zu leben. Glücklicherweise können wir davon ausgehen, dass diese grundlegenden Bedürfnisse in den allermeisten Familien erfüllt werden. In der Pubertät wird dann jedoch die dritte Stufe der Pyramide besonders wichtig:

→ **Soziale Bedürfnisse**

Freundschaft, Gruppenzugehörigkeit, sozialer Austausch und Gemeinschaft mit Familie und Freunden, Beziehung, Zuneigung, Liebe und sexuelle Intimität prägen das Leben der Jugendlichen zwischen 12 und 20 Jahren maßgeblich. Für die Befriedigung dieser Bedürfnisse spielen die sozialen Medien eine zentrale Rolle.

Belohnungssysteme

Vielleicht haben Sie schon davon gelesen, dass in manchen Städten und Bezirken Chinas ein digitales Punktesystem eingeführt wurde, mit dem das Sozialverhalten der Menschen bewertet wird. Wer im Sinne der Gemeinschaft handelt, also wenig Wohnraum beansprucht, mit dem Fahrrad zur Arbeit fährt oder ehrenamtlich tätig ist, bekommt Pluspunkte. Wer Schulden macht oder bei Rot über die Ampel läuft, wird mit Punktabzug bestraft und das führt dann möglicherweise zu Einschränkungen bei der nächsten Urlaubsreise.

Auch wenn ein derartiges Punktesystem nicht unseren Werten entspricht, in vielerlei Hinsicht funktioniert auch unser Alltagsleben so. Die einfachste Form kennen Sie vom Treppenhaus: Jeden Morgen treffen Sie dort den Nachbarn auf dem Weg zur Arbeit und grüßen ihn mit einem freundlichen „Guten Morgen". Zum Aufrechterhalten dieser losen Beziehung ist nicht mehr nötig als ein täglicher Gruß. Wenn Sie dann mal dringend Hilfe brauchen oder eine Party veranstalten, können Sie aufgrund dieses „Sozialpunktekontos" auch bei Ihrem Nachbarn klingeln und ihn um eine Bohrmaschine oder Verständnis für die Ruhestörung bitten.

Haben Sie den Nachbarn einige Wochen lang nicht gesehen, weil er verreist war, hat sich ein negativer Punktestand angesammelt. Ein reines „Guten Morgen" wäre nach dieser langen Zeit zu wenig. Deshalb sagen Sie: „Hallo Herr Nachbar, Sie habe ich ja lange nicht gesehen! Wie war es im Urlaub?", und nehmen sich ein paar Minuten Zeit, um den Punktestand wieder auszugleichen.

Ungefähr das tut Ihr Kind in den sozialen Medien täglich und mit sehr vielen „Nachbarn". Alle Apps haben dafür Belohnungssysteme, mit denen „Sozialpunkte" vergeben werden können:

→ **Die Belohnungssysteme der Apps**

Durch das doppelte Anklicken einer Instagram-Nachricht wird sie mit einem Herzchen markiert, ein „Daumen hoch" unter dem YouTube-Video erfüllt denselben Zweck. Durch kurze Kommentare, die oft nur aus einem Emoji bestehen, drückt Ihr Kind aus, dass es den anderen und seinen Post wahrgenommen hat.

Ihr Kind ist sozusagen den ganzen Tag in einem virtuellen Treppenhaus mit sehr vielen Nachbarn unterwegs und unentwegt am Grüßen und Small-Talken. Viele hundert Punkte können so an einem Tag aufs Sozialkonto eingesammelt und an andere vergeben werden. Und solange das Konto im Plus oder ausgeglichen ist, ist die Welt für Ihr Kind in Ordnung.

Negative Resonanz

Leider ist unter den vielen Nachbarn immer mal wieder jemand, der die Spielregeln nicht kennt. Was im Treppenhaus unvorstellbar ist, geschieht in den sozialen Medien ständig: Stellen Sie sich vor, der Nachbar erwidert Ihren Guten-Morgen-Gruß mit den Worten: „Du hast aber ein hässliches Kleid an!"

Jedes Kommentarfeld kann auch für eine negative Aussage genutzt werden und Kinder und Jugendliche sind dabei besonders direkt

Bibi H - How it is (wap bap ...) [Official Video]

63 Mio. Aufrufe · vor 3 Jahren

587.426   3,2 Mio.   Teilen   Herunterlad...   Speichern

und unverblümt. Vielleicht erinnern Sie sich daran, dass es auf dem Schulhof in Ihrer Kindheit auch nicht immer nur freundlich zuging. Aber der Schulhof der sozialen Medien ist viel größer, die Zahl der potenziellen Angreifer viel höher. Und vor allem: Es sind viel mehr Zuschauer da, die mitbekommen, wenn man vor den Augen anderer gedemütigt wird. Durch die Möglichkeit des öffentlichen negativen Kommentars wird der Grundstein für Hatespeech und Cybermobbing gelegt.

Polarisierung und Streit gehören teilweise sogar zum Geschäftsmodell der Plattformen. Schließlich zeugen hitzige Diskussionen von hohem Interesse am Thema, und die Aufregung wird möglicherweise als „Engagement" verbucht, sodass die Qualität eines Beitrags positiv eingeschätzt wird.

→ **Der „Daumen runter" auf YouTube**

Ein merkwürdiges Beispiel für dieses Denken ist auch der „Daumen runter"-Button bei YouTube, der eine Aufforderung zur Kritik darstellt und ein Angebot, seine negative Einschätzung zum Ausdruck zu bringen. Seit Jahren fragen sich viele YouTube-Kreative, wozu das gut sein soll und ob ausbleibende positive Resonanz nicht Strafe genug ist.

Was die Bereitschaft zu negativer Resonanz befeuern mag, ist der Abstand, den Sender und Empfänger voneinander haben. Sie kennen das vielleicht vom Autofahren: Durch die geschlossene Scheibe fällt es viel leichter, den vorausfahrenden „Schleicher" zu beschimpfen, als im direkten Kontakt.

Dieses Phänomen ist auch in der Psychologie und beim Militär sehr gut erforscht. Die meisten Menschen werden getötet, wenn der Abstand der Ausführenden zu den Opfern groß ist. Dafür wurden unzählige Maschinen erfunden. Die wenigsten Menschen sind in der Lage, einen anderen im direkten Kontakt zu verletzen oder gar umzubringen. Ähnliches gilt womöglich auch für die verbale Verletzung. Wenn wir nicht sehen, wie die scharfzüngige Bemerkung trifft und was sie auslöst, sind wir viel eher in der Lage, mit Worten zu verletzen, als im direkten Gespräch.

Ausbleibende Resonanz

Es müssen aber gar nicht unbedingt negative, verletzende Kommentare dahinterstecken, wenn Ihr Kind beim Blick aufs Smartphone plötzlich bedrückt wirkt. Schon das Ausbleiben von Resonanz kann für Kinder und Jugendliche belastend sein.

Wenn Ihr Kind ein Bild oder Video postet oder wenn es eine Bemerkung in die Gruppe schreibt, steckt meistens die Erwartung einer positiven Resonanz dahinter. Wenn Sie den Nachbarn grüßen, erwarten Sie auch, dass er Sie zumindest anschaut und freundlich nickt. Ignoriert zu werden, ist keine schöne Erfahrung.

Sollte Ihr Kind also traurig wirken, kann das einfach daran liegen, dass ein neues Bild weniger Herzchen hat als erwartet oder dass eine bestimmte Person überhaupt nicht oder nicht positiv auf einen Kommentar oder eine sonstige Kontaktaufnahme reagiert hat. Bedrückend kann auch sein, wenn die Freunde Ihres Kindes es nicht auf einem Gruppenfoto markiert haben und ihm damit quasi die Zugehörigkeit absprechen.

Der Grund für das Ausbleiben dieser Resonanz muss kein Fehlverhalten Ihres Kindes sein, der Post muss nicht schlecht sein, die Freunde nicht sauer. Es gibt eine Menge Gründe, warum Ihr Kind nicht die Zuwendung und Wahrnehmung erfährt, die es sich erhofft hat. Vielleicht haben gerade zufällig sehr viele Menschen neue Bilder gepostet und dadurch rutscht der Post Ihres Kindes in der Timeline zu schnell nach unten – unter die Wahrnehmungs-schwelle. Vielleicht ist der Adressat einer Nachricht tatsächlich mal offline.

Zeigen Sie Verständnis

Ihnen mag die Frage, warum die Zahl der Herzchen noch relativ niedrig ist, vielleicht eher nebensächlich erscheinen. Ihr Kind zer-bricht sich jedoch den Kopf darüber und beginnt möglicherweise, an sich zu zweifeln. Nehmen Sie seine Sorge also ernst. Es kann hel-fen, wenn Sie es darauf aufmerksam machen, dass es viele Gründe für das Ausbleiben von Resonanz geben kann, die gar nichts mit ihm als Person zu tun haben.

→ **Trost in der echten Welt**

Auch wenn es oft nicht so scheint: Im Umgang mit Problemen der sozialen Medien benötigt Ihr Kind von Ihnen ganz analogen und persönlichen Trost. Wenn die zahlreichen virtuellen Kon-takte nicht zu mehr Anerkennung, sondern zu Selbstzweifeln führen, braucht Ihr Kind umso mehr Zuwendung in der echten Welt.

Tipp

Führen Sie Gespräche weit weg vom Bild-schirm: Damit der Unterschied zwischen der digitalen Welt und der echten möglichst klar wird, führen Sie das Gespräch über die Sorgen und Nöte am besten nicht im Kinderzimmer vor dem Laptop, sondern dort, wo der Unterschied auch wirklich empfunden werden kann: beim Spaziergang, im Wald, am See, auf dem Spielplatz oder bei einer anderen körperlichen Betätigung, die den Geist entlastet.

Falsche Werte, schlechte Vorbilder

Ob Sie Zeitung lesen, Fernsehen schauen oder die Auswahl der angebotenen Videos auf YouTube betrachten, überall werden Sie feststellen: Die schlechten Nachrichten finden mehr Beachtung als die guten, die Ausnahme ist interessanter als die Regel und die Abgründe des Menschlichen werden überbetont. Um sich in der Masse durchzusetzen, muss die Information auffällig sein. Und je größer die Informationsflut, desto auffälliger die einzelne Nachricht.

Erfolg in den sozialen Medien

Durch die sozialen Medien steht heute eine viel größere Menge an Informationen zur Verfügung als in den Medienwelten Ihrer eigenen Kindheit. Die Protagonisten dort sind umso erfolgreicher, je krasser, sensationeller oder tabubrechender sie agieren. Die Stars müssen dabei nicht unbedingt beliebt sein – auch Polarisierung macht erfolgreich, und dazu gehört es, dass viele einen ablehnen. Denken Sie an den ehemaligen US-Präsidenten Donald Trump.

→ **Die Stars in den sozialen Medien**

Social-Media-Stars sind erfolgreich, weil sie das Erlösmodell der Plattformen durchschauen, in das System passen und dadurch Reichweite erlangen. Natürlich haben viele dieser Menschen auch Talent oder originelle Ideen. Aber hinter dem Erfolg in den Social Media muss keine besondere Leistung stehen. Oft genügt eine gute Mischung aus Auffälligkeit und perfekter Anpassung an den Mainstream, die durch den Algorithmus der Plattform verstärkt wird.

Auch Ihr Kind wird in den sozialen Medien nicht nur Freunden und Freundinnen folgen, sondern – je nach Interessenlage – erfolgreichen Sportlerinnen, Fitnessgurus, Beauty-Queens, Schauspielern, Comedians, Rapperinnen und Tänzern. An diesen Erfolgsmenschen orientiert sich Ihr Kind ein Stück weit, es leitet von ihnen seine Vorstellungen vom richtigen Leben ab.

Wie sehr sich Ihr Kind aber von diesen Vorbildern beeinflussen lässt, hängt stark von den Werten ab, die in der eigenen Familie gelebt werden. Falschen Vorbildern können Sie auf diese Weise Ihre eigenen Werte entgegensetzen.

Schönheit und Rollenklischees

Vor allem TikTok und Instagram leben von der perfekten Selbstinszenierung und der gut gestalteten Momentaufnahme. In einem kurzen Video oder auf Fotos kann man sich mit etwas Übung, kluger Beleuchtung und Perspektive sowie technischen Hilfsmitteln vorteilhaft darstellen. Und – Hand aufs Herz – auch Sie betrachten lieber attraktive Menschen und sehen lieber in gut gelaunte Mienen als in miesepetrige Gesichter!

Die ungeklärte Frage ist, inwieweit die Plattformen diesen Effekt verstärken und tatsächlich „schönen" Menschen größere Chancen einräumen. Von TikTok beispielsweise ist bekannt, dass es zumindest plante, Clips von weniger attraktiven, armen und behinderten Menschen zu zensieren oder weniger häufig ausspielen zu lassen. Damit sollte vorgeblich Schaden von den Urhebern abgewendet werden, da sie sonst mit Häme und Spott zu rechnen hätten.

Auch ohne dass dem Siegeszug „schöner" Menschen mit technischen Mitteln nachgeholfen wird, können Sie davon ausgehen, dass bestimmte Vorstellungen durch die sozialen Medien zumindest verstärkt werden: Wer sich auf TikTok gut bewegen kann, erhält bessere Bewertungen. Wer dabei noch einen trainierten Körper präsentiert, aufreizende Kleidung wählt und die choreografischen Vorgaben der Stars perfekt erfüllt, kann damit vielleicht sogar schon Geld verdienen.

→ **Werden Klischees verstärkt oder aufgebrochen?**

Ob soziale Medien Rollenklischees verstärken oder sogar eher aufbrechen, indem sie Vielfalt sichtbar machen, lässt sich nicht pauschal bewerten. Einerseits sind bestimmte Stereotype wie Schönheit und „Sexyness" bei Frauen sowie Stärke und Humor bei Männern auf den Plattformen sehr stark vertreten. Andererseits können, wie bereits erwähnt (siehe S. 18), auch Andersdenkende und Unkonventionelle dort ein Publikum finden und spüren, dass sie nicht allein auf der Welt sind.

Influencer und Konsum

Insofern als das Interesse der Social-Media-Plattformen ein wirtschaftliches ist, verwundert es nicht, dass dort Werbefreundlichkeit und Konsumorientierung unterstützt werden. Der YouTube-Algorithmus beispielsweise hat ja zum Ziel, Nutzern vor den Lieblingsvideos geeignete Werbung einzuspielen. Ein Beitrag, in dem Kosmetikartikel oder Mobilfunkgeräte vorgestellt werden, hat deshalb bessere Aussichten, vom Algorithmus vielen Menschen empfohlen zu werden, als eine Dokumentation über die Mülltrennung.

An dieser Maßgabe müssen sich auch die Stars der Plattformen messen. Letztlich verdienen auch sie nur, wenn im Zusammenhang mit ihren Posts irgendeine Werbeleistung möglich ist – entweder direkt als Bestandteil des eigenen Beitrags oder vorgeschaltet als Werbespot bzw. Werbepost. Insofern können Sie damit rechnen, dass sehr viele der Inhalte, die Ihr Kind in den sozialen Medien wahrnimmt, in irgendeiner Weise mit Konsum zu tun haben.

Markenkleidung, Kosmetikprodukte, Spiele, Unterhaltungselektronik, Filme, Sendungen oder Gadgets zur Freizeitgestaltung – es gibt zahlreiche Bedürfnisse, die durch die als Vorbilder empfundenen Protagonisten geweckt werden. Aufgrund der Verknüpfung von Vertrauensstatus, Vorbildfunktion und wirtschaftlichem Interesse können diese Social-Media-Stars möglicherweise einen besonders wirksamen Einfluss auf Ihr Kind haben. Deshalb nennt man sie oft auch Influencer, also „Beeinflusser". Mehr dazu auf S. 73.

Gesellschaftsbilder und Werte

Nicht nur Konsumwünsche, sondern auch Meinungen können durch die Gesetze der sozialen Medien verstärkt werden. Vielleicht

Die Zerstörung der CDU.
Rezo ja lol ey · 18 Mio. Aufrufe · vor 1 Jahr

erinnern Sie sich an Rezo, den blauhaarigen YouTuber, der am 19. Mai 2019 im Vorfeld der EU-Parlamentswahlen sein Video „Die Zerstörung der CDU" veröffentlichte und damit bislang knapp 18 Millionen Zuschauer erreichte. In jugendlich-pointiertem Stil griff Rezo in dem in weiten Teilen gut recherchierten Video fast eine Stunde lang die Politik der CDU an, insbesondere die Klima- und Sozialpolitik. Die etablierten Parteien taten sich extrem schwer, auf diese gekonnte Nutzung der Plattform eine Antwort zu finden.

Heute ist jedem Oberbürgermeister-Kandidaten einer Kleinstadt klar, dass er ohne geeignete Social-Media-Strategie bei den 16- bis 30-Jährigen wenig Chancen hat. Und da dort eben die „Zerstörung" mehr Aufmerksamkeit erzeugt als langweilige Sachpolitik, wird die pointierte Äußerung zunehmend zur Normalität.

Auch Verbrechen, Gewalt und andere schlechte Nachrichten sind in den Medien und ganz besonders den sozialen Medien stark vertreten. Das wirtschaftliche Interesse von Produzenten, Sendern und Schauspielern trifft auf die Sensationsgier der Nutzer, und mächtige Algorithmen sorgen für die perfekte Zuordnung. Dadurch sind diese Seiten der Welt in einer extremen Weise überrepräsentiert, was Einfluss auf das Welt- und Menschenbild Ihres Kindes haben kann. Angst und Hoffnungslosigkeit können die Folge sein, aber auch die Überzeugung, dass sich die eigenen Interessen am besten mit Gewalt durchsetzen lassen.

Insgesamt kann Ihr Kind in den sozialen Medien den Eindruck gewinnen, dass Schönheit und Reichtum auf der einen Seite, Rohheit

Fördern Sie den Perspektivwechsel: Was gerade scheinbar „alle" im eigenen Umfeld denken, muss nicht die Wahrheit sein. Oft lohnt es sich, ein Thema von mehreren Seiten zu betrachten und sich mit sachlichen Hintergrundinformationen zu befassen, auch wenn diese vielleicht weniger spannend präsentiert werden. Aber zu einem solchen Perspektivwechsel müssen Kinder (und Erwachsene) aufgrund der scheinbar erdrückenden Beweis-läst aktiv aufgefordert und ermutigt werden.

und Gewalt auf der anderen in dieser Welt „normal" sind. Ihre Aufgabe als Eltern ist es, Ihrem Kind zu zeigen, welche Interessen hinter den jeweiligen Bildern stehen und welche Alternativen es gibt.

Verstörende Inhalte

Wenn Sie sich vergegenwärtigen, dass allein auf Instagram täglich 95 Millionen Fotos und in jeder Minute 300 Stunden Videomaterial auf YouTube hochgeladen werden, liegt es nahe, dass online so ziemlich alles an Inhalten zu finden ist, was Sie sich vorstellen können – und vermutlich noch einiges mehr. Ohne besondere Schwierigkeiten können Sie auf YouTube oder Instagram sowohl die neueste Folge von Benjamin Blümchen finden als auch „Die brutalsten Szenen aus meinen Lieblings-Horrorfilmen".
Während es im vorhergehenden Abschnitt um Inhalte ging, die gegen Ihre Werte verstoßen, sprechen wir hier von Szenen, Texten und Eindrücken, die eine ernsthafte Gefahr für das psychische

Wohlbefinden und die Entwicklung Ihres Kindes darstellen. Dass viele Erwachsene sich an die Existenz dieser Bilder bereits gewöhnt haben und deshalb die Gefahr unterschätzen, macht die Sache dabei nicht einfacher. Folgende Inhalte gelten (nicht nur) für Kinder und Jugendliche als besonders problematisch:

▶ Darstellungen von Gewalt und Grausamkeit, die Schock, Trauer und Verstörung auslösen können

▶ pornografische Darstellungen, insbesondere wenn sie mit Gewalt, Erniedrigung und Missbrauch in Verbindung stehen

▶ Darstellung riskanter Verhaltensweisen, bei deren Nachahmung Ihrem Kind Gefahr droht

Die Hirnforschung hat schon vor längerer Zeit nachgewiesen, dass Fiktion und Realität für das Gehirn das Gleiche sind. Während Kinder die oft überzogenen Darstellungen in Comics oder Cartoons als solche erkennen, ist das in realistischen Filmen, Videos oder Computerspielen nicht der Fall. Alles wird gleichermaßen als erlebte Wirklichkeit erfahren. Es werden sogar dieselben Hormone ausge-

Tipp

Vorsicht bei „Pranks" und „Fails"; Im Hinblick auf riskante Verhaltensweisen spielen vor allem die bei Jugendlichen beliebten „Pranks" und „Fails" eine Rolle: „Pranks" sind (gefilmte) Streiche, die alles andere als harmlos sein können, beispielsweise wenn die Opfer extrem erschreckt und regelrecht in Todesangst versetzt werden. Bei „Fails" geht es um Missgeschicke, die oft nah an der Grenze zu einem schweren Unfall sind. Für beide Arten von Videos gilt, dass sie zur Nachahmung verleiten können. Ihr Kind sollte wissen, wie gefährlich das sein kann und dass es keinesfalls selbst versuchen sollte, solche Filme zu drehen.

schüttet und Stressprozesse ausgelöst wie bei einem realen Ereignis. Das kann sowohl die Gesundheit beeinflussen als auch über das Unterbewusstsein zur Programmierung von Werten und Einstellungen beitragen.

Jugendschutz beginnt bei der Anmeldung

Natürlich bemühen sich die Plattformen darum, zumindest den gesetzlich vorgeschriebenen Jugendschutz einzuhalten – auch wenn das aufgrund stark abweichender Regeln in den einzelnen Ländern kaum möglich ist. So haben die meisten Plattformen ihren Firmensitz in den USA, wo gegenüber Pornografie eine sehr große Sensibilität vorhanden ist, Gewaltdarstellungen dagegen recht freizügig behandelt werden.

→ **Altersbeschränkungen der Plattformen**

Entscheidend ist, mit welchem Alter Ihr Kind bei den Apps registriert ist. Bei der Anmeldung muss ein Geburtsdatum eingegeben werden, aufgrund dessen die Plattform entscheidet, ob ein Nutzer überhaupt zugelassen wird. Generell gilt für die Angebote ein Mindestalter von 13 Jahren, auf WhatsApp beträgt es inzwischen 16 Jahre, darunter müssen die Eltern zustimmen. Auf YouTube benötigen alle Nutzer unter 18 Jahren die Zustimmung ihrer Eltern, auf TikTok ebenfalls.

Ob es jemand mit dem Schutz seines Kindes vor verstörenden Inhalten wirklich ernst meint, entscheidet sich also schon, wenn dem Kind die Nutzung einer noch nicht für sein Alter zugelassenen App erlaubt wird. Wenn hier ein falsches Geburtsdatum eingetragen wird, kann das Kind künftig immer früher als eigentlich vorgesehen die entsprechenden Altersbeschränkungen umgehen. Bestimmte Dienste wie Direktnachrichten sind ebenfalls an das Nutzeralter gekoppelt. Insofern hat die korrekte Eingabe des Geburtsdatums eine langfristige Bedeutung.

Allerdings kann Ihr Kind die Inhalte vieler Plattformen wie YouTube, Twitch oder TikTok in einem Browser auch völlig ohne Anmeldung betrachten. Wo kein Alter hinterlegt werden muss, gibt es dann zumeist auch keine Altersbeschränkungen, obwohl das eigentlich gegen das Jugendschutzgesetz verstößt.

Jugendschutz der Plattformen

Da die Anbieter immer wieder dafür kritisiert werden, dass jugendgefährdende Inhalte auf den Plattformen für Kinder auffindbar sind, haben sie selbst Mechanismen entwickelt, um das zu verhindern. Auf YouTube gibt es zum Beispiel „Community-Richtlinien", denen man beim Hochladen von Inhalten zustimmen muss.
Außerdem stufen die „Creators" ihre Beiträge selbst ein, das heißt, sie nehmen selbst eine Einschätzung vor, ob die Beiträge für Kinder geeignet sind oder ob sie bestimmte gefährdende Merkmale erfüllen. Beim Upload wird jedes Video zudem von einem Algorithmus sehr umfangreich nach bestimmten Schlagworten, Darstellungen und natürlich auch Urheberrechtsverletzungen durchsucht.
Diese Mechanismen sind einerseits immer wieder lückenhaft oder noch nicht ausgereift, andererseits liegen ihnen aufgrund der Herkunftsländer der Plattformen oft andere Wertvorstellungen zugrunde. So ist es deutlich schwieriger, auf YouTube einen Porno zu finden als eine exzessive Gewaltdarstellung. Und bereits ein Kondom oder Sektglas kann zur Indizierung eines Videos führen, wogegen eine Waffe kein Problem darstellt.

Jugendschutz durch Freiwillige Selbstkontrolle

Mit der Freiwilligen Selbstkontrolle (FSK), der Freiwilligen Selbstkontrolle der Multimedia-Diensteanbieter (FSM) oder der Unterhaltungssoftware Selbstkontrolle (USK) gibt es drei Vereine, die sich prinzipiell um die Einhaltung des Jugendmedienschutzes bemühen. Vor allem strafbarer oder wirklich jugendgefährdender Inhalt wird für die jeweilige Altersgruppe sanktioniert. Die FSK arbeitet dabei beispielsweise mit den Abstufungen ab 0, ab 6, ab 12, ab 16 und ab 18 Jahren.

→ Eine Frage der Gewöhnung?

In den Begründungen für Altersfreigaben findet sich regelmäßig die Aussage, dass beispielsweise ein Film „aufgrund der altersgemäßen Medienkenntnisse" ungefährlich ist. Das bedeutet, dass von einer allmählichen Gewöhnung ausgegangen wird. Überspitzt gesagt: Nach Meinung der FSK ist Ihr Kind mit 16 Jahren in der Lage, eine fiktive Hinrichtungsszene anzusehen, weil es sich darauf jahrelang durch das Betrachten weniger gewalttätiger Szenen vorbereitet hat.

Entsprechend werden beispielsweise die verschiedenen Ausgaben des bei Kindern sehr beliebten Shooter-Spiels Fortnite mit unterschiedlichen Altersangaben angeboten. Je nachdem, wer im Spiel getötet wird, ob dabei mehr gegen- oder miteinander gekämpft wird und wie grausam die Darstellung des Tötungsvorgangs ist, unterscheiden die Selbstkontrollen zwischen einer Freigabe ab 12, 14 oder 16 Jahren. Dass das Töten an und für sich ein entscheidender Inhalt des Spiels ist und gleichzeitig seine Faszination ausmacht, bleibt dabei unbestritten: Wenn Sie auf Google „Best Kills Fortnite" eingeben, erhalten Sie 22 500 000 Ergebnisse. Eltern muss klar sein, dass auf das Spielen der „Light-Varianten" irgendwann der

Wunsch nach dem Spielen der nächsten Eskalationsstufe folgen wird.

Freiwillige Selbstkontrolle ersetzt also nicht eigene Werte. Auch Erwachsene müssen keine Filme ab 16 mögen oder anschauen. Eltern dürfen durchaus der Ansicht sein, dass Spiele und Filme, in denen der Gut-Böse-Konflikt zugespitzt wird und andere Menschen oder Lebewesen (die „Bösen") mit Waffen getötet werden, nicht ihrer Vorstellung von einem erstrebenswerten Weltbild entsprechen.

Tipp **Zeigen Sie Ihre Haltung:** Auch für die Einschränkung von Inhalten gilt: Eine erkennbare Haltung der Eltern ist für das Kind bedeutsamer als bloßes Abschalten. Die Aussage „Ich finde es nicht gut, wenn man es unterhaltsam findet, sich gegenseitig umzubringen" trägt sicher mehr zum Wertesystem Ihres Kindes bei als das Aktivieren eines Jugendschutzfilters. Allerdings sollten Sie sich bewusst sein, dass Sie dann an Glaubwürdigkeit verlieren, wenn Sie sich zugleich jeden Abend auf die neue Folge Ihrer Lieblings-Actionserie freuen.

Das Jugendschutzgesetz

Auch das Jugendschutzgesetz regelt nur besonders schlimme Gefahren für Heranwachsende. Anders ausgedrückt: Wenn Sie Ihre 12-Jährige ein Glas Wein trinken lassen, ist das nach dem Jugendschutzgesetz verboten. Wenn Sie sie dagegen ausschließlich mit Schokolade ernähren, dürfen Sie ihre Gesundheit ungestraft zugrunde richten.

Die auf Internetrecht spezialisierte Kanzlei Wilde Beuger Solmecke in Köln präzisiert deshalb auf ihrer Webseite:

→ **Aufgaben der Freiwilligen Selbstkontrolle**

„Die Altersfreigaben der FSK sind explizit keine pädagogischen oder ästhetischen Empfehlungen für eine bestimmte Altersstufe. Die FSK-Ausschüsse sprechen Freigaben nach der gesetzlichen Vorgabe aus, dass Filme und vergleichbare Bildträger, die geeignet sind, die Entwicklung von Kindern und Jugendlichen oder ihre Erziehung zu einer eigenverantwortlichen und gemeinschaftsfähigen Persönlichkeit zu beeinträchtigen' (§ 14 JSchG), nicht für ihre Altersstufe freigegeben werden dürfen."

Das Jugendschutzgesetz wird übrigens derzeit überarbeitet. Offenbar hat die Politik erkannt, dass Regelungen aus der Zeit von Videokassette und Spielekonsole der heutigen Verfügbarkeit global veröffentlichter Inhalte nicht mehr gerecht werden. Deshalb soll das Gesetz an die Bedürfnisse der modernen Social-Media- und Online-Welt angepasst werden.

Spotify und Explicit Content

Spotify ist keine Social-Media-Plattform im eigentlichen Sinne. Ein paar Gedanken im Zusammenhang mit Jugendschutz sollten Sie sich trotzdem machen, wenn Ihr Kind Spotify nutzt. Über den ursprünglich schwedischen Audio-Streaming-Dienst konnte man im September 2020 immerhin 60 Millionen Songs, Hörbücher und Hörspiele der unterschiedlichsten Genres abrufen, die dem Nutzer mit der Anmeldung grundsätzlich uneingeschränkt zur Verfügung stehen.

Gerade in Songtexten finden sich oft erstaunliche Beispiele von Gewaltverherrlichung oder Sexismus sowie Aufforderungen zu kriminellen Taten, und das nicht irgendwo in verborgenen Musikbibliotheken, sondern in den Hits des Mainstreams. Unter den ersten 50 Songs der „Spotify Deutschrap Playlist" vom November 2020 war beispielsweise die Hälfte als „explicit" mit einem eingerahmten „E" markiert. So werden anstößige oder jugendgefährdende Texte kenntlich gemacht.

Auch die damals aktuelle Nummer eins „TBC" von SSIO war „explicit" – suchen Sie einfach mal unangemeldet auf YouTube nach diesem Song und hören Sie sich den Text an. Dieser Text gehört sicher nicht zu den besonders schlimmen. Dennoch finden Sie darin praktisch alle Klischees des (Deutsch-)Raps von Beleidigung anderer, Demütigung von Frauen, Anwendung von Gewalt bis zu unverhohlenem Drogenkonsum und Mate-

Tipp

Spotify-Kids: Seit 2020 gibt es für Nutzer des Familienabos von Spotify mit Spotify Kids eine Plattform, die ausschließlich altersgerechte Inhalte für Kinder anbietet. Als Eltern können Sie hier auf die voreingestellten, redaktionell ausgewählten Inhalte für die jeweilige Altersgruppe vertrauen, auf Wunsch aber auch selbst einzelne Inhalte blockieren, falls diese Ihnen für Ihr Kind unangemessen erscheinen.

rialismus. Englischsprachige Texte sind oft ganz ähnlich gelagert, auch wenn Ihr Kind vielleicht nicht alles davon versteht.

Man kann bei Spotify einstellen, dass keine als „explicit" bezeichneten Musikstücke wiedergegeben werden. Das reduziert die Musikbibliothek allerdings erheblich. Der Nummer-eins-Hit „Positions" von Ariana Grande disqualifiziert sich dann beispielsweise durch erotische Andeutungen und ein „Fuck it". Auch Justin Biebers „Lonely" bleibt dann stumm – vermutlich wegen eines „fucking lonely".

→ **Ist es sinnvoll, Explicit Content zu sperren?**

„Explicit" kann alles Mögliche umfassen – von einem einfachen Schimpfwort bis hin zu menschenverachtenden Beleidigungen. Gerade für Teenager ist die Grundeinstellung „ohne explizite Inhalte" vermutlich zu einschränkend. Ihnen bleibt als Eltern dann nichts anderes übrig, als ab und zu hinzuhören, Texte zu googeln, zu hinterfragen und Ihre Haltung zum Ausdruck zu bringen.

Die Explicit-Vorgaben der einzelnen Streaming-Dienste sind dabei frei und willkürlich. Die Angaben werden von den Künstlern bzw. den Labels selbst gemacht. Abgesehen davon, dass es für manche Künstler vermutlich einen Werbevorteil darstellt, wenn ihre Songs „explicit" sind, genügt normalerweise ein einziges Schimpfwort, um einen Song „explicit" zu machen: Die Vertriebsplattform re-cordJet gibt den Künstlern als Kriterium für „harte Texte" den Hin-weis: „Wenn du das Lied einem 5-Jährigen Kind nicht ohne Beden-ken vorspielen würdest, dann handelt es sich um ‚harte Texte'."

Die Nutzung des Audio-Streaming-Dienstes Spotify ist laut AGB übrigens offiziell erst ab 18 Jahren bzw. ab 16 mit elterlicher Beglei-tung erlaubt. Die Gruppe der 14- bis 19-Jährigen stellte dennoch mit einem Marktanteil von 21,6 Prozent laut Statista im Jahr 2019 die zweitgrößte Nutzergruppe dar. Die Sensibilität von Eltern scheint also in diesem Punkt noch ausbaufähig zu sein.

Kostenfallen und teure Bedürfnisse

Wenn Sie sich daran erinnern, dass es auf den Social-Media-Platt-formen im Grunde darum geht, Daten zu erheben und Werbeclips zu platzieren, dürfte klar sein, dass früher oder später immer auf den Geldbeutel gezielt wird. Auch bei Kindern und Jugendlichen.

Aus Daten lassen sich Bedürfnisse ableiten

Ob TikTok, Instagram, YouTube, Facebook – immer wird Ihnen oder Ihrem Kind früher oder später Werbung angezeigt. Diese ist ganz speziell auf Ihre Vorlieben zugeschnitten, weshalb Sie vermutlich auch meistens nichts dagegen haben, sondern möglicherweise das entsprechende Produkt schon immer haben wollten. Die künstliche Intelligenz verfolgt Ihre Sehgewohnheiten, Ihre Klicks und Likes – vermutlich auch den Text Ihrer Kommentare – und ist dadurch in der Lage, Ihre geheimen und weniger geheimen Sehnsüchte vor-auszusehen.

Das kann recht platt sein: Sie haben eben nach einem Flug gesucht und erhalten im nächsten Moment Werbung für Urlaubsreisen. Es gibt aber auch subtilere Zusammenhänge, die anhand von Nutzungsdaten erkennbar werden, und das nicht nur auf Social-Media-Plattformen, sondern sogar im echten Leben: Die US-Supermarktkette Target soll schon 2012 anhand der Einkaufsgewohnheiten einer Minderjährigen per Datenanalyse herausgefunden haben, dass sie schwanger war. Da wusste die Jugendliche selbst noch nichts davon, aber sie hatte sich beim Einkauf nach einem bestimmten Muster verhalten, das dem von anderen Schwangeren entsprach. Als Target der Familie Werbeangebote für werdende Mütter zuschickte, reagierte der Vater der Minderjährigen entsprechend erbost, musste sich aber ein paar Tage und einen Schwangerschaftstest später beim Mitarbeiter der Supermarktkette entschuldigen.

Das ist natürlich ein krasses Beispiel. Allerdings stammt es aus einer Zeit, in der die Rechenleistung von Computern und KI-Systemen noch mehrere hunderttausend Mal niedriger war als heute. Auch der Umfang der Datensammlungen ist seit dem Siegeszug der Social Media gewaltig angestiegen. Sie können also davon aus-

Tipp

Werbefrei gegen Gebühr: Auf YouTube kann man sich von Werbung freikaufen, wenn man das YouTube-Premium-Abo für derzeit 11,99 Euro erwirbt (Stand Februar 2021). Zusätzlich kann man dann werbefreie Musikstreaming-Dienste nutzen. Das kann durchaus eine interessante Option sein, auch wenn es natürlich bedeutet, dass man Geld ausgeben muss. Doch eigentlich müsste es jedem klar sein, dass ein so umfassendes und teures Angebot, wie die Social-Media-Apps es darstellen, irgendwie finanziert werden muss: über Daten, über Werbung oder eben direkt über eine Gebühr.

gehen, dass es nicht allzu schwer ist, Ihnen und Ihren Kindern passende Produkte nahezulegen.

Influencer-Marketing und personalisierte Werbung

Neben den Werbespots oder -einblendungen tragen auch die Stars der sozialen Medien dazu bei, dass Bedürfnisse geweckt und Produkte zu vorhandenen Bedürfnissen angeboten werden. Wie schon erwähnt, leitet sich deren Bezeichnung – Influencer – vom englischen „to influence", zu Deutsch „beeinflussen", ab. Diese Möglichkeit der Social-Media-Stars, ihre Fans zu beeinflussen, lässt sich hervorragend zu Werbezwecken instrumentalisieren.

Wir alle lassen uns von Freunden und Bekannten gern Tipps geben, wenn wir ein neues Haushaltsgerät brauchen oder einen neuen Arzt suchen. Deshalb liegt es nahe, dass die Werbeindustrie schon seit Jahrzehnten mit dem Einsatz von Testimonials arbeitet, also mit Empfehlungen von Menschen, denen wir vertrauen. Diese hießen früher Thomas Gottschalk und Günter Jauch. Heute heißen Sie eben Bibi, Dagi Bee, Unge oder Luca Concrafter.

Die Einflussmöglichkeiten der Letztgenannten sind durch die Kombination mit der Datenanalyse ungleich größer geworden: Während uns Gottschalk und Jauch aus Zeitschriften oder von Plakatsäulen anlachten oder vielleicht auch mal im Werbespot vor einem Film, geben die neuen Influencer ihre Produktempfehlungen genau dem Publikum, das zu den Produkten passt, und zu genau dem Zeitpunkt, an dem es besonders aufnahmefähig ist.

→ ## Sollte man personalisierte Werbung deaktivieren?

Auf vielen Plattformen haben Sie die Möglichkeit, personalisierte Werbung zu deaktivieren. Aber dann sehen Sie und Ihr Kind trotzdem Werbung, nur eben nicht mehr auf Sie zugeschnitten. Sie werden dann mit Anzeigen für Computerspiele, Kinderspielzeug, Polstermöbel oder andere Produkte gequält, für die Sie sich gar nicht interessieren.

Werbung kann im besten Fall eine unterhaltsame Information sein, deren Absicht ist, Sie zu einer Handlung oder einem Kauf zu bewegen. Das ist zunächst mal weder neu noch besonders schlimm. Entscheidend ist nur, dass Sie die Kontrolle über das behalten, was Sie tatsächlich tun. Was Ihr Kind betrifft, führt das Erwecken von Bedürfnissen dazu, dass Sie möglicherweise Nein sagen müssen. Und natürlich sollten Sie regulieren, welche Ausgaben es selbstständig tätigen darf und welche nicht.

App-Käufe und In-App-Käufe

Wenn Sie schon einmal nach geeigneten Smartphone-Spielen für Ihr Kind gesucht haben, kennen Sie das Problem: Entweder die Spiele sind kostenlos bzw. sehr günstig und dafür voller Werbeeinblendungen oder sie kosten Geld. Gerade bei Spielen, die sich auch an erwachsene Nutzer wenden, zum Beispiel virtuelle Fußballspiele, können Sie außerdem bezüglich der Werbung nie sicher sein, ob diese für Ihr Kind geeignet ist. Ähnliches gilt auch für andere Apps mit an sich nützlichen Funktionen.

Eine beliebte Strategie von App-Entwicklern besteht darin, die Anwendung zunächst kostenlos anzubieten, dann aber, wenn das Interesse geweckt und eine gewisse Skalierungsstufe erreicht ist, den weiteren Genuss an Kaufangebote zu koppeln. So können Sie beispielsweise in einem Fußball-Turnierspiel nur dann in die 1. Liga kommen, wenn Sie ein entsprechendes Stadion besitzen, wofür man entweder ein halbes Jahr lang immer wieder gewinnen oder 20 Euro bezahlen muss. Um solche sogenannten In-App-Käufe auszulösen, können ganze Spielinhalte hinter die Bezahlschranke gesetzt oder attraktive Funktionen vorenthalten werden.

Spenden und andere Ausgaben

Insbesondere in den Livestreams auf YouTube, TikTok, Instagram und Twitch können Zuschauer ihren Stars Geschenke machen. Gerade für kleine und mittelgroße Influencer ist dies eine gute Möglichkeit, von den Zuschauern direkt für ihr Entertainment entlohnt zu werden. So können sie auch bei nur hundert Livestream-Zuschauern ein ordentliches Taschengeld von 50 oder 100 Euro einsammeln. Über die regulären YouTube-Werbeanteile bräuchte man dafür zigtausend oder sogar hunderttausend Aufrufe auf ein Video. Das schaffen normalerweise nur wirklich große Kanäle.

→ Wie eine Hutspende, aber öffentlich

Diese Geldgeschenke stellen die virtuelle Form der Hutspende für einen Straßenmusiker dar. Mit dem Unterschied, dass in den sozialen Medien die Öffentlichkeit immer dabei ist. Die großzügige Spende wird also auch ausführlich gewürdigt. Dem Spender wird die erwünschte Aufmerksamkeit zuteil, was wiederum die Spendenbereitschaft anheizt.

Auf TikTok können zu Spendenzwecken in den Kontoeinstellungen sogenannte „Münzen" (engl. „Coins") erworben werden. Diese werden dann im Livestream als virtuelles „Hutgeld" eingesetzt. Sofern Sie das nicht in den Einstellungen verhindern, können hier von 1,09 Euro für 65 Münzen bis 109,99 Euro für 6 607 Münzen beträchtliche Ausgaben entstehen. Mehr zu den TikTok-Livestreams erfahren Sie auf S. 125.

Auch in YouTube-, Twitch- oder Instagram-Livestreams können Zuschauer spenden. Auf Instagram gibt es sogar Sticker, mit denen man in den Storys Geld für gemeinnützige Organisationen zum Beispiel im Bereich Umweltschutz, Krebsforschung oder Kindernothilfe einwerben kann. Der Zweck kann also auch altruistischer Art sein. Bezahlt wird hier über die klassischen Wege mit Kreditkarte, Apple Pay oder PayPal. Solange keine dieser Bezahlmöglichkeiten auf dem Handy Ihres Kindes aktiviert ist, können also auch keine Spenden getätigt werden.

<	**Aufladen**	
Guthaben		
	⏻	
Münzen kaufen		
⦾ 65 münzen		1,09 €
⦾ 330 münzen		5,49 €
⦾ 1321 münzen		21,99 €
⦾ 3303 münzen		54,99 €
⦾ 6607 münzen		109,99 €

Geschäftsfähigkeit

Eine spannende Frage ist, inwiefern Ihr Kind überhaupt geschäftsfähig ist. Dabei lassen sich folgende Grundsätze zusammenfassen:

→ **Onlinekäufe des Kindes rückgängig machen**

Kinder unter 18 Jahren sind nicht voll geschäftsfähig. Deshalb können Sie als Elternteil Käufe, denen Sie nicht vorher oder anschließend zugestimmt haben, prinzipiell wieder rückabwickeln. Bei Onlinekäufen haben Sie als Privatperson ohnehin in aller Regel ein 14-tägiges Widerrufsrecht. Allerdings kann das möglicherweise für digitale Produkte nicht gelten, wenn die Nutzung bereits begonnen hat. Dann greift aber normalerweise, dass Ihr Kind nicht geschäftsfähig ist. In der Regel sollten Sie also auch In-App-Käufe rückabwickeln können. In jedem Fall sollten Sie eine Rückforderung dem Verkäufer oder Anbieter rasch zur Kenntnis geben.

Probleme kann es allerdings dann geben, wenn Sie Ihrem Kind fahrlässig und vor allem wiederholt die Möglichkeit einräumen, mit Ihren eigenen Zahlungsmitteln einzukaufen. Das ist beispielsweise dann der Fall, wenn Sie ihm Ihr Handy mit voreingestellter Möglichkeit zum Kauf über die Telefonrechnung überlassen. Oder wenn am PC die PayPal-Zugangsdaten bereits eingespeichert sind, sodass Ihr Kind mühelos einen Kauf tätigen kann. Zumindest bei wiederholten Vorkommnissen kann der Verkäufer dann auf eine fahrlässige Verletzung der Aufsichtspflicht schließen. Ist ihm dabei ein Schaden entstanden, haften Sie als Eltern wegen Verletzung Ihrer Aufsichtspflicht.

TikTok hat übrigens eine eigene Richtlinie für den Kauf virtueller Gegenstände in seinen Nutzungsbedingungen. Das betrifft insbesondere den Kauf von Münzen. Sie finden diese in der App unter „Nutzungsbedingungen", „Virtuelle Gegenstände Policy". Daraus geht hervor: „Nutzer, die 18 Jahre oder älter sind, können virtuelle Coins („Münzen') kaufen und gegen virtuelle Gifts („Geschenke') eintauschen, Geschenke an andere Nutzer senden, Geschenke erhalten, Diamanten verdienen und einlösen." Fraglich bleibt, ob sich die Plattform mit solchen Regelungen, die dem Nutzer zudem beim Kauf der Münzen gar nicht zur Kenntnis gegeben werden, von Rückgabeforderungen befreien kann.

Gefahren juristischer Art

Wenn wir uns Social-Media-Plattformen wie kleine Marktplätze vorstellen, auf denen sich Menschen begegnen, miteinander kommunizieren, Geschäfte machen und eine Gesellschaft bilden, ist klar, dass auch hier Regeln gelten und Gesetze eingehalten werden müssen. Das meiste, was offline verboten ist, ist es auch hier: Betrug, Diebstahl, Verletzung, Rufmord, Beleidigung, Mobbing, Ordnungswidrigkeiten und vieles mehr. Was die Sache online etwas komplizierter macht: Einerseits ist der „Marktplatz" sehr groß, er umfasst im Grunde die ganze Welt und somit zahlreiche Länder, in denen sich das Recht unterscheidet. Andererseits handeln viele Akteure anonym und sind auch noch minderjährig, haben also oft kein ausgeprägtes Rechtsbewusstsein.

Die Frage, inwiefern minderjährige Akteure auf Social-Media-Plattformen überhaupt straffähig sind, wurde bereits beim Thema Geschäftsfähigkeit angeschnitten. Was klar ist: Es gibt durchaus Fälle, zum Beispiel von Cybermobbing, in denen auch 12-Jährige schon zu 1500 Euro Schmerzensgeld verurteilt worden sind.

Haftung der Eltern

Grundsätzlich haften Sie als Eltern für die Taten Ihrer minderjährigen Kinder, wenn Sie Ihre Aufsichtspflicht verletzt haben. Alleine

Als Eltern sind Sie immer Vorbild: Ihr Kind orientiert sich an Ihrem Verhalten. Sie müssen selbst abwägen, ob Sie zum Beispiel das richtige Signal setzen, wenn Sie Ihrem Kind einen Instagram-Account einrichten, obwohl es noch nicht das dafür offiziell nötige Alter von 13 Jahren hat.

damit, dass Sie Ihrem Kind ein Smartphone überlassen oder es einen Handyvertrag abschließen lassen, ermöglichen Sie ihm ja potenziell Handlungen, deren Rechtmäßigkeit Sie auch kontrollieren müssen.

Unabhängig von juristischen Fragen dürfte klar sein, dass Sie als Eltern maßgeblich dafür verantwortlich sind, ob Ihr Kind sich auf dem Marktplatz der sozialen Medien sicher und rechtskonform bewegt. Durch Ihre Erziehung muss es ein Gefühl dafür entwickeln, wo das eigene Handeln für andere unerwünschte Konsequenzen hat. So wenig, wie Sie darüber hinwegsehen können, wenn Ihr Kind im Supermarkt etwas einsteckt, ohne es zu bezahlen, so wenig dürfen Sie die Augen davor verschließen, wenn es bewusst oder unbewusst sich selbst oder anderen online Schaden zufügt.

Verbotene Inhalte und offensichtliche Rechtsbrüche

Es gibt Regeln, die so allgemein bekannt sein dürften, dass wir sie hier nur kurz der Vollständigkeit halber ansprechen wollen:

▶ Selbstverständlich darf man in sozialen Medien keine verbotenen Inhalte teilen, insbesondere Videos und Bilder, die Sex mit Minderjährigen darstellen oder Gewalt verherrlichen.

▶ Selbstverständlich darf man das Internet nicht nutzen, um Straftaten zu planen oder zu begünstigen und nicht zu Gewalt aufrufen. Auch nicht gegen Politiker, deren Entscheidungen man für grundfalsch hält oder deren Partei man unerträglich findet.

▶ Selbstverständlich darf man andere im Internet nicht wirtschaftlich schädigen, indem man ihnen beispielsweise Waren verkauft, sie bezahlen lässt und dann nicht liefert. Betrug ist auch online verboten.

▶ Selbstverständlich ist es verboten, Fake-Accounts zu erstellen, die eine andere Identität vorgeben. Auch wer sich unrechtmäßig Zugang zu einem anderen Kanal verschafft und dann beispielsweise gefälschte Posts oder Nachrichten in Umlauf bringt, macht sich strafbar.

Während diese Verbote auf der Hand liegen und hoffentlich auch Ihrem Kind bekannt sind, wollen wir im Folgenden auf spezielle und häufiger vorkommende Rechtsbrüche eingehen, die Sie mit Ihrem Kind besprechen sollten.

Cybermobbing, Beleidigung

Andere in den sozialen Medien herabzuwürdigen oder zu beleidigen, ist ein weit verbreitetes Phänomen – unabhängig vom Alter. Die Schwelle, sich selbst ein gutes Gefühl zu verschaffen, indem

Tipp

Ihre Aufsichtspflicht ernst nehmen: Nehmen Sie sich bewusst Zeit, um die in diesem Kapitel beschriebenen Themen und die damit einhergehenden Verhaltensregeln mit Ihrem Kind zu besprechen. Machen Sie das am besten gemeinsam mit dem anderen Elternteil oder einem anderen Erwachsenen. So können Sie im Ernstfall zumindest nachweisen, dass Sie Ihre elterliche Aufsichtspflicht ernst genommen haben. Das schränkt womöglich Ihre Haftung ein, wenn wirklich etwas passiert. Natürlich nur, sofern Ihr Kind dann nicht mehrfach gegen die Gesetze verstößt, ohne dass Sie etwas unternehmen.

man andere „runtermacht", ist online ganz offensichtlich niedriger als in der echten Welt. Es ist dadurch aber nicht weniger verboten.

→ **Cybermobbing aus rechtlicher Sicht**

Mindestens vier Straftatbestände des Strafgesetzbuches können durch Cybermobbing erfüllt werden: Beleidigung, üble Nachrede, Verleumdung sowie Nötigung und Bedrohung können nach geltendem Recht mit Geldstrafen oder Freiheitsstrafen bis zu fünf Jahren bestraft werden.

Sollte Ihr Kind selbst Opfer von Cybermobbing oder Beleidigung werden, heißt das nicht, dass Sie gleich zum Anwalt gehen oder eine Anzeige bei der Polizei aufgeben müssen. Sie und auch Ihr Kind sollten jedoch wissen, dass Cybermobbing kein Kavaliersdelikt ist. Wenn Ihr Kind Mobbing im Netz erlebt, kann das eine große Belastung sein. Je nachdem, ob der Urheber des Mobbings bekannt ist oder nicht, kann eine direkte Kontaktaufnahme mit den Eltern der richtige Weg sein, ein Gang zum Vertrauenslehrer in der Schule oder eine Beschwerde bei der entsprechenden Plattform.

Wichtig ist natürlich, dass Sie Beweise sichern. Ebenso wichtig ist es, dass Sie Ihrem Kind unzweifelhaft zu verstehen geben, dass Sie diese Form des persönlichen Angriffs nicht dulden werden. Nicht jede Beleidigung muss gleich zu einem Rechtsstreit führen, aber Sie sollten sie auch nicht unter den Teppich kehren. Umgekehrt muss natürlich gewährleistet sein, dass sich Ihr Kind anderen gegenüber ebenfalls an die Gesetze hält.

Persönlichkeitsrechte, Recht am Bild

Wahrscheinlich haben Sie schon von der DSGVO (Datenschutz-Grundverordnung) gehört. Würde diese für Ihr Kind gelten, dann würde es streng genommen bereits dagegen verstoßen, wenn es ein Gruppenfoto auf seinem Instagram-Account einstellt, ohne dafür die Genehmigung aller Abgebildeten einzuholen. Bei Minderjährigen ist teilweise sogar das Einverständnis der Eltern nötig. Und: Die Erlaubnis kann jederzeit widerrufen werden. Diese Vorgaben werden allerdings erst dann relevant, wenn Ihr Kind als Influencer oder Blogger Geld verdient.

Handelt Ihr Kind rein privat, gilt die DSGVO nicht. Abgebildete Personen haben jedoch unabhängig davon immer ein Recht am eigenen Bild und dürfen selbst entscheiden, ob sie dieses veröffentlicht sehen wollen oder nicht. Ausgenommen sind lediglich Personen, die von Berufs wegen in der Öffentlichkeit stehen und auftreten, wie zum Beispiel Politiker.

→ **Faustregel für Ihr Kind**

Vereinfacht gesagt: Wenn Ihr Kind jemanden in einer Weise abbildet, die dieser Person nicht gefällt, muss es den Post umgehend löschen.

Das gilt insbesondere für Aufnahmen, die eigentlich gar nicht zulässig waren. Dazu zählen zum Beispiel Videos aus dem Unterricht, in denen Mitschüler oder die Lehrkraft zu sehen sind. Das heimliche Aufnehmen einer nicht öffentlichen Situation – und dazu zählt der Unterricht – ist nämlich grundsätzlich verboten.

Ebenfalls problematisch sind Aufnahmen von Menschen, die sich in einer Notlage befinden, zum Beispiel bei einem Unfall, oder von Straftaten und Gewalt, zum Beispiel von der Prügelei auf dem Schulhof. Die Aufnahme selbst ist möglicherweise rechtens, wenn sie der Beweissicherung oder Aufklärung dient. Sie ins Netz zu stellen, ist aber in keinem Fall eine gute Idee.

Urheberrecht

Häufig werden in den sozialen Medien Inhalte gepostet, die nicht selbst angefertigt worden sind. So wird zum Beispiel ein Filmausschnitt oder ein Foto als „Meme" geteilt oder der komplette Post eines anderen auf dem eigenen Kanal noch einmal hochgeladen.

Doch grundsätzlich hat nur derjenige das Recht zur Veröffentlichung, der das Foto, das Video oder den Text selbst erstellt hat. Natürlich werden sehr viele Urheberrechtsverstöße nicht geahndet, vor allem, wenn es nur um eine geringe Verbreitung geht und kein Geld damit verdient wird. Zudem ist eine sogenannte geringfügige Nutzung (etwa ein Filmausschnitt von bis zu 15 Sekunden Länge) nach aktuellem Recht sogar erlaubt. Dennoch gilt:

→ **Geistiges Eigentum ist Eigentum!**
Sie sollten Ihrem Kind ein entsprechendes Rechtsbewusstsein vermitteln: Auch geistiges Eigentum ist Eigentum, das man nicht einfach stehlen darf!

Nach Artikel 17 des kürzlich reformierten EU-Urheberrechts sind die Plattformen dafür verantwortlich, dass ihre Nutzer kein Urheberrecht verletzen. Deshalb versuchen sie, bereits beim Upload zu verhindern, dass entsprechendes Material gepostet wird. Auf YouTube beispielsweise erkennt der Algorithmus geschützte Musikstücke und Filmausschnitte sehr zuverlässig und sorgt dafür, dass die anteiligen Werbeeinnahmen des Videos ausschließlich dem Urheber zugeordnet werden. Wer das vermeiden will, muss von YouTube dafür eigens vorgesehene lizenzfreie Musik verwenden. Auf anderen Plattformen, insbesondere bei Fotos und kurzen Ausschnitten, funktioniert das noch nicht so gut. Vor allem wenn Ihr Kind einen Kanal mit einer nennenswerten Anzahl von Followern betreibt, sollte es aufpassen. Findige Anwälte verschicken immer wieder Abmahnungen wegen Urheberrechtsverletzungen. Auch wenn Sie nicht in jedem Fall Geld zahlen müssen, kostet Sie die Abmahnung zumindest Zeit, um sich damit auseinanderzusetzen.

Impressum und Werbekennzeichnungspflicht

Die letzten beiden rechtlichen Fallstricke betreffen Nutzer von sozialen Medien, die als Influencer oder durch Werbebeteiligungen

Geld mit ihrer Tätigkeit einnehmen. Letzteres ist auf YouTube bereits ab 1000 Abonnenten möglich. Für diese Nutzer gilt:

▶ **Impressumspflicht:** Ein geschäftlich genutzter Kanal unterliegt der Pflicht, ein Impressum zu erstellen, aus dem ersichtlich ist, wer die Seite betreibt – inklusive der Adresse – und wie man ihn erreichen kann. Dieses Impressum muss an einer leicht auffindbaren Stelle der Seite, zum Beispiel in der Kanalinfo, verlinkt sein.

▶ **Pflicht zur Kennzeichnung von Werbung:** Erfolgreiche Influencer, die in ihren Beiträgen Werbung für Kooperationspartner machen, müssen auch die Werberichtlinien beachten. Immer dann, wenn die Zuschauer nicht von selbst erkennen können, dass es sich um Werbung handelt, muss sie als solche gekennzeichnet werden. Wer beispielsweise in seinem Video Produkte vorstellt und dafür irgendeinen Vorteil hat (Sachspende, Honorar, kostenlose Mitgliedschaft etc.), muss die Posts eindeutig als Werbung kennzeichnen.

In beiden Fällen, Impressumspflicht und Werbekennzeichnungspflicht, besteht die Gefahr von Abmahnungen. Doch diese beiden Pflichten gelten wohl nur für die wenigsten Nutzer. Sollte Ihr Kind den Wunsch und auch die Möglichkeit haben, mithilfe der sozialen Medien Geld zu verdienen, ist es ohnehin empfehlenswert, sich ausführlicher mit den rechtlichen Rahmenbedingungen einer solchen Geschäftstätigkeit auseinanderzusetzen.

Tipp

Eigenwerbung muss man nicht kennzeichnen: Sollte Ihr Kind eine eigene Kleidungskollektion oder ein eigenes Buch herausgeben und dafür werben, hat es zwar auch einen Vorteil davon, muss diese Werbung aber nicht kennzeichnen. Denn dass man seine eigenen Produkte gut findet und bewirbt, gilt als selbstverständlich. Darauf muss nicht zusätzlich hingewiesen werden.

Instagram

Instagram war laut einer ARD-ZDF-Onlinestudie im Jahr 2018 die beliebteste Social-Media-App bei Jugendlichen zwischen 14 und 19 Jahren. Die Plattform hat zunehmend Funktionsweisen und Features der Konkurrenz adaptiert, etwa den durch Snapchat bekannt gewordenen Facefilter. So gelingt es Instagram, weiterhin bei der jungen Zielgruppe zu punkten. In diesem Kapitel zeigen wir Ihnen Einstellungen für einen sicheren Umgang mit der App.

Mehr als eine Fotoplattform

Seit der Veröffentlichung von Instagram sind inzwischen über zehn Jahre vergangen. Der Urgedanke der App ist das Teilen, Kommentieren und Liken von Fotos. Auch Filter zur Bearbeitung der Fotos gab es auf der Plattform schon recht früh. Von Facebook wollten sich die Entwickler vor allem durch den klaren Fokus auf die Bildsprache absetzen und durch den Gedanken, die App möglichst einfach und leicht bedienbar zu belassen.

Warum Instagram so beliebt ist

Während bei Facebook eher ein Tagebuchcharakter vorherrscht und die Fotos oft nur Beiwerk sind, schätzen Instagrammer die Möglichkeit, ihre Bilder in den Vordergrund zu stellen. Die Bildqualität ist entsprechend hoch und die Bildunterschriften – auch „Captions" genannt – dienen oft nur dazu, eine kurze Botschaft loszuwerden, die dann in den Kommentaren diskutiert werden kann.

Inzwischen beinhaltet Instagram auch Storys, längere Videos (IGTV), Reels und Shops und stellt damit momentan eines der abwechslungsreichsten und mächtigsten (Selbst-)Vermarktungsinstrumente dar. Wem YouTube zu anstrengend und TikTok zu kindisch ist, findet hier die goldene Mitte.

Blick ins Kleingedruckte

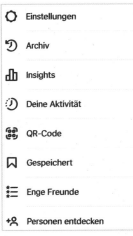

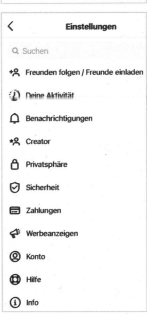

Bevor Instagram genutzt werden darf, müssen Sie zunächst den Nutzungsbedingungen zustimmen. Die meisten tun dies, ohne sie überhaupt zu lesen. Deshalb wollen wir an dieser Stelle wenigstens einen kurzen Blick darauf werfen. So finden Sie die AGB in der Instagram-App:

1 Tippen Sie rechts unten auf Ihr Profilbild bzw. das Ihres Kindes, um so auf die Kanalansicht zu gelangen.

2 In der Kanalansicht rufen Sie mit den drei Strichen rechts oben das Menü auf.

3 Wählen Sie im Menü *Einstellungen* (bei Android stehen die *Einstellungen* ganz unten).

4 In den Einstellungen finden Sie den Unterpunkt *Info*, hinter dem sich die *Datenrichtlinie* sowie *Impressum/AGB/NetzDG* bzw. bei Android *Impressum/Terms/NetzDG* verbergen.

Das Paket an Nutzungsbedingungen umfasst unter anderem auch die Gemeinschaftsbedingungen (Community-Richtlinien) und die Datenschutzrichtlinie. Alle Texte sind sehr allgemein formuliert und enthalten kaum juristische Begriffe. Das sorgt einerseits für Transparenz, andererseits sind die AGB dadurch auch eher unpräzise.

Für diesen Ratgeber wurde die Version vom 20. Dezember 2020 durchgesehen. Die Bedingungen werden regelmäßig überarbeitet und erneuert, worüber man als Nutzer – soweit rechtlich notwendig – informiert wird. Wenn man dann die App weiter nutzt, hat man damit automatisch zugestimmt.

Gemeinschaftsbedingungen

Die Gemeinschaftsbedingungen erläutern eigentlich nur, welche grundsätzlichen Verhaltensweisen auf der Plattform erwünscht sind und welche nicht. In der Kurzfassung lesen Sie dort:

→ Kurzfassung der Gemeinschaftsbedingungen

„Wir möchten, dass Instagram ein authentischer und sicherer Ort bleibt, der inspiriert und persönlichen Ausdruck ermöglicht. Trage dazu bei, diese Gemeinschaft zu fördern. Poste nur deine eigenen Fotos und Videos und halte dich immer an Recht und Gesetz. Respektiere alle Personen auf Instagram, sende keinen Spam an Personen und poste keine Inhalte, in denen Nacktheit dargestellt ist."

Nutzungsbedingungen

In den Nutzungsbedingungen selbst sind folgende Punkte am interessantesten:

▶ Verbindung zu Facebook: Die Vereinbarung wird eigentlich mit Facebook Ireland getroffen, da Instagram zu diesem Unternehmen gehört.

▶ Mindestalter: Nutzer müssen mindestens 13 Jahre alt sein. Bei jüngeren Nutzern können Eltern das Konto anlegen und im Steckbrief angeben, dass es von einem Manager oder den Eltern verwaltet wird.

▶ Gesetze einhalten: Kaum zu glauben, aber: Nutzer müssen sich an die Gesetze halten. Sie dürfen außerdem „keine verurteilten Sexualstraftäter" sein. (Bleibt zu hoffen, dass sich auch nicht allzu viele aus anderen Gründen verurteilte Verbrecher auf Instagram herumtreiben ...)

▶ Rechteübertragung an Instagram: Als Nutzer erteilt man der Plattform „eine nicht-exklusive, übertragbare, unterlizenzierbare und weltweite Lizenz, deine Inhalte (gemäß deinen Privatsphäre- und App-Einstellungen) zu hosten, zu verwenden, zu verbreiten, zu modifizieren, auszuführen, zu kopieren, öffentlich vorzuführen oder anzuzeigen, zu übersetzen und abgeleitete Werke davon zu erstellen ..." Diese Rechteübertragung klingt nicht nur umfangreich, sie ist es auch. Andererseits lässt sich ohne diese Rechte auch kaum eine Plattform betreiben, auf der sich Nutzer gegenseitig Inhalte bereitstellen.

▶ **Nutzung zu Werbezwecken:** Durch die Rechtefreigaben kann ein Beitrag oder eine positive Bewertung eines Beitrags auch von Unternehmen zu Werbezwecken verwendet werden, ohne dass Sie dafür eine Vergütung erhalten. Im einfachsten Fall geschieht das dadurch, dass einem Freund die von Ihnen „gelikte" Werbung angezeigt wird einschließlich der Information, dass Sie diese Anzeige gemocht haben.

Datenschutzrichtlinie

In der Datenschutzrichtlinie muss nach EU-Recht dargestellt werden, welche Daten Instagram bei der Nutzung erhebt und wie Sie diese einsehen bzw. einschränken oder löschen können. Insbesondere stimmen Sie hier zu, dass Instagram weiß, mit welchen anderen Personen Sie in Verbindung stehen (Adressbuch), welche Seiten und Apps Sie in welcher Weise verwenden und was andere Nutzer über Sie posten. Auch über Ihr Smartphone, die Nutzung desselben und über Netzwerk-, Bluetooth- und Mobilfunkverbindungen Ihres Smartphones werden Daten gesammelt. (Teilweise können Sie das aber in den Systemeinstellungen verhindern, wie auf S. 170 für iOS und auf S. 184 für Android dargestellt.)

Datenaustausch mit Facebook

> **We Updated Your Birthday**
>
> We added the birthday from your linked Facebook account. We use birthdays to improve the features and ads you see, and to help us keep the Instagram community safe.
>
> **Mehr dazu**   **OK**

Mit dem Facebook-Konzern, zu dem Instagram und Facebook, aber beispielsweise auch WhatsApp gehören, und mit den Partnern dieses Konzerns werden Ihre Daten ebenfalls geteilt. So ist es zum Beispiel üblich, dass Instagram Ihr Geburtsdatum aus Ihrem Facebook-Profil übernimmt, ohne dass Sie explizit zustimmen. Begründet wird dieser Schritt damit, dass sich mit den Geburtsdaten der Service und die angezeigte Werbung verbessern lassen und dass dadurch die Instagram-Gemeinschaft sicher bleibt.

→ **Wer sind die Partner des Facebook-Konzerns?**

Ein Facebook-Partner kann im Grunde jedes Unternehmen sein, das eine Facebook-Seite betreibt und auf seiner Internetpräsenz den Facebook-Pixel – ein Daten sammelndes Cookie – integriert. Somit ist Facebook in der Lage, Ihre Vorliebe für Staubsauger einer bestimmten Marke mit Ihren Reisezielen der letzten Jahre und dem Preisniveau der Produkte, die Sie liken, zu einem Profil zusammenzufügen, das einiges über Ihre Kaufkraft aussagt.

Gesammelte Daten einsehen

Sie sehen also, die durch Instagram über Sie gesammelten Informationen sind sehr umfangreich. So können Sie nachsehen, was derzeit alles in Ihrem Konto oder dem Ihres Kindes gespeichert ist:

▶ Klicken Sie auf das Profilbild, um zur Kanalansicht zu gelangen.

▶ Klicken Sie auf die drei Striche rechts oben, gehen Sie in die *Einstellungen* und wählen Sie dort den Menüpunkt *Sicherheit*.

▶ Unter *Daten und Verlauf* können Sie die über Sie gesammelten *Daten einsehen* oder die *Daten herunterladen*.

▶ Wenn Sie auf *Daten einsehen* klicken, können Sie ganz unten beispielsweise nachsehen, welche *Interessen für Werbung* auf Instagram für Sie bzw. für Ihr Kind gespeichert sind.

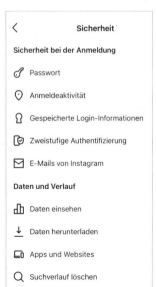

**Achtung, Ihr Kind sieht eventuell „Ihre"
Werbung:** Wenn Sie Ihr Kind über Ihre Accounts oder
mit Ihrem Smartphone agieren lassen, wird es bezüglich
der vorgeschlagenen Inhalte und zugespielten Werbung
möglicherweise wie Sie behandelt. Das gilt auch für die ge-
meinsame Nutzung von Streaming-Diensten.

Werbepräferenzen einsehen und ändern

Detailliertere Informationen zu Ihren (von der Plattform vermute-
ten) Werbepräferenzen finden Sie in den *Einstellungen* auch unter
Werbeanzeigen:

▶ **Präferenzen ändern:** Hier können Sie einige wenige Einstellungen zu Ihren Werbepräferenzen selbst vornehmen und zum Beispiel Werbung für *Alkohol* oder *Haustiere* abschalten.

▶ **Interessen erkennen:** Außerdem finden Sie unter Werbeakti-
vität eine Liste der Käufe oder angeklickten Werbeschaltungen, was
einen Hinweis darauf gibt, was Sie – oder Ihr Kind – wirklich interessiert.

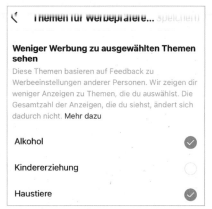

Schutz der Privatsphäre und vor unerwünschten Kontakten

Grundsätzlich können Texte, Bilder und Inhalte, die Ihr Kind auf Instagram hochlädt, von jedem auf der ganzen Welt betrachtet werden. Im Rahmen der Novellierung des Jugendschutzgesetzes werden zwar derzeit Überlegungen angestellt, diese Grundeinstellung so zu verändern, dass sie einen besseren Schutz der Privatsphäre für Kinder bieten. Momentan jedoch müssen Sie selbst alle Einstellungen so anpassen, wie es Ihren Vorstellungen entspricht.

Privates Konto

Eine weitreichende Entscheidung ist die, ob Sie Ihrem Kind ein öffentliches Profil zugestehen oder nur ein „Privates Konto". Mit Letzterem können ausschließlich bestätigte Follower die Aktivitäten Ihres Kindes verfolgen, also nur die Freunde und Bekannte, die Ihr Kind ausdrücklich als Kontakte akzeptiert hat.

So stellen Sie den Account auf „Privates Konto" um:

1 Gehen Sie über das Profilbild rechts unten auf die Kanalansicht.

2 Rufen Sie über die drei Striche rechts oben die *Einstellungen* auf.

3 Unter dem Menüpunkt *Privatsphäre* können Sie bei *Konto-Privatsphäre* mit einem Schalter das Konto auf *Privates Konto* umschalten.

Einem privaten Konto kann man nur nach Bestätigung folgen. Für Ihr Kind bedeutet das möglicherweise, dass es weniger Follower bekommen wird, da sich nicht alle die Mühe machen, eine Anfrage zu stellen.

→ Weniger Follower im „Privaten Konto"?

Die Einstellung „Privates Konto" hat aber nicht zwangsläufig weniger Follower zur Folge. Im Gegenteil: Manche kommerziellen Anbieter oder Unternehmen nutzen die Bestätigungsfunktion sogar ganz gezielt, um ihre „Gefolgschaft" überprüfen zu können und so beispielsweise negative Resonanz von vorneherein zu beschränken. Die Bestätigungsschranke macht bei manchen Themen vielleicht sogar einen besonderen Reiz aus.

Wenn Sie die Privat-Funktion erst aktivieren, nachdem Ihr Kind bereits einige Follower gesammelt hat, dann können weiterhin alle bereits bestätigten Kontakte dessen Aktivitäten sehen. Möglicherweise müssen also auch hier erst noch Anpassungen vorgenommen werden.

Kontakte einsehen und verwalten

Kontakte

 Eingeschränkte Konten

 Blockierte Konten

Stumm geschaltete Konten

 Konten, denen du folgst

Instagram bietet recht umfangreiche Möglichkeiten, die bereits vorhandenen Kontakte zu verwalten. Wenn Sie unter *Einstellungen*, *Privatsphäre* nach unten scrollen, finden Sie Optionen, um Konten anderer Nutzer einzuschränken, zu blockieren oder stummzuschalten. Außerdem finden Sie dort:

▶ **Konten, denen Ihr Kind folgt:** Tippen Sie einfach auf *Konten, denen du folgst*, dann erscheint die Liste der abonnierten Kanäle.

▶ **Konten, die Ihrem Kind folgen:** Wenn Sie unter *Konten, denen du folgst* ganz oben auf den linken Reiter tippen, sehen Sie die Liste der Personen, die Ihr Kind abonniert haben.

Dort können gezielt einzelne Namen entfernt werden oder auch umgekehrt Abonnenten ebenfalls abonniert werden.

Für den Schutz der Privatsphäre ist dies der entscheidende Bereich der Kontaktverwaltung. In späteren Abschnitten dieses Kapitels (S. 100 und S. 105) werden die anderen Verfahren und ihr Sinn erklärt.

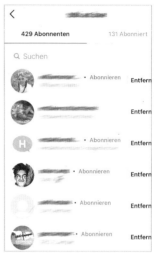

Enge Freunde

Im Gegensatz zum Einschränken oder Blockieren kann Ihr Kind auch eine Liste „enger Freunde" anlegen. Dann teilt es nicht mehr alle Inhalte zwangsläufig mit allen Followern, sondern kann den Kreis für bestimmte Posts beschränken.

1 Tippen Sie dazu in der Hauptauswahl, die Sie in der Kanalansicht über die drei Striche oben erreichen, auf *Enge Freunde*.

2 Wählen Sie aus den abonnierten Kanälen diejenigen aus, die zum engen Freundeskreis gehören sollen.

3 Beim Erstellen einer Story hat Ihr Kind von nun an die Möglichkeit, für jeden Storypost einzeln zu entscheiden, ob alle Kontakte oder nur *Enge Freunde* ihn sehen sollen.

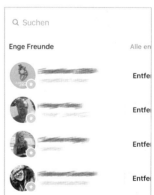

Adressbuch

Noch besser, als unerwünschte Kontakte zu entfernen, ist natürlich, sie gar nicht erst entstehen zu lassen. Wenn Sie den Kreis der Instagram-Follower Ihres Kindes einschränken wollen, sollte es die App also nicht unbedingt mit dem Adressbuch seines Smartphones verknüpfen.

Ganz oben in den *Einstellungen* findet sich der Punkt *Freunden folgen / Freunde einladen*. Hier gibt es zahl-

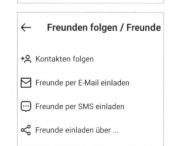

reiche Möglichkeiten, Freunde über WhatsApp, per SMS, E-Mail oder mit einem anderen Messenger zur Nutzung von Instagram einzuladen. Unter *Kontakten folgen* gibt es weiterhin die Möglichkeit, Instagram den Zugriff auf die eigenen Kontakte zu erlauben. Sofern dies im Betriebssystem zugelassen ist, wird dann das eigene Adressbuch aufgeführt und mit den Instagram-Nutzern abgeglichen. So kann Ihr Kind auf einfache Weise Personen folgen, die es bereits als Kontakte gespeichert hat. Die Liste wird regelmäßig abgeglichen, sodass auch neue Kontakte Ihrem Kind zukünftig als Instagram-Follower vorgeschlagen werden.

→ **Vor- und Nachteile eines verknüpften Adressbuchs**

Der Vorteil eines verknüpften Adressbuchs ist, dass man sehr schnell mit ohnehin bekannten Menschen über Instagram in Kontakt kommen kann, ohne diese lange auf der Plattform suchen zu müssen. Der Nachteil liegt ebenfalls auf der Hand: Der Facebook-Konzern kennt durch die Verknüpfung das private Netzwerk seiner Nutzer noch besser und kann aus diesen Daten seine Schlüsse ziehen.

Wie Sie die Verknüpfung vom Betriebssystem aus verhindern können, erfahren Sie auf S. 170 für iOS und auf S. 184 für Android-Systeme.

Tipp

Die Verknüpfung konsequent ablehnen: Instagram lebt von Daten. Es überrascht daher nicht, dass die Plattform an verschiedenen Stellen dazu auffordert, der Verknüpfung mit dem Adressbuch zuzustimmen. Deshalb sollten Sie am besten mit Ihrem Kind besprechen, dass und warum Sie nicht wollen, dass es dieser Aufforderung nachkommt.

Markierungen und Erwähnungen

Eine gute Möglichkeit, den Bekanntenkreis auf Instagram zu erweitern, sind Markierungen und Erwähnungen. Wird der Nutzername mit dem vorgestellten
@-Symbol in einem Kommentar erwähnt oder auf
einem Bild eingefügt – das nennt man „taggen" –,
können die Betrachter darauf tippen und gelangen so
direkt zum Profil der betreffenden Person. Bei Insta-
grammern, die eine große Gefolgschaft aufbauen
möchten, ist dies sehr beliebt, weil man schneller bekannt wird, wenn man auf anderen Netzwerken und
Kanälen getaggt wird.

Geht es Ihnen darum, den Bekanntenkreis Ihres Kindes
möglichst klein zu halten, sollten Sie diese Funktionen
also ausstellen:

▶ In den *Einstellungen* unter *Privatsphäre* könnten
Sie unter dem Punkt *Markierungen* auswählen, ob *Jeder*, *Niemand* oder nur *Personen, denen du folgst* eine
Markierung setzen oder das Profil Ihres Kindes erwäh-
nen können.

▶ Es gibt ebenso die Möglichkeit, Markierungen
grundsätzlich zuzulassen, jedoch von einer Genehmigung abhängig zu machen. Aktivieren Sie dazu *Markierungen manuell genehmigen*. Dann steht es Ihrem
Kind frei, zu entscheiden, auf welchem Bild es mit seinem Accountnamen getaggt werden möchte und auf
welchem nicht.

Teilen von Storys verhindern

Was ebenso zur (unerwünschten) Verbreitung des Kanals Ihres
Kindes beitragen kann, ist das Teilen seiner Storys. Der Sinn ist ursprünglich auch hier wieder ein positiver:

→ ### Storys können „viral gehen"

Besonders gelungene Videos und Bilder sollen sich schnell verbreiten, indem sie direkt in den Profilen anderer Instagram-Nutzer geteilt werden. In einer Art Schneeballeffekt können sie dann sogar „viral gehen" – so nennt man die extrem rasche und weite Verbreitung von Inhalten in den Social Media.

Wenn Sie nicht wollen, dass der Kanal Ihres Kindes sich verbreitet – und die anderen Einstellungen dafür noch nicht ausreichen –, können Sie unter *Einstellungen*, *Privatsphäre* und *Story* (nach unten scrollen) das Teilen von Storys als Nachricht oder innerhalb der Story eines anderen Nutzers verhindern. Tippen Sie dazu auf die entsprechenden Schalter – ist ein Schalter links und grau, ist die Option ausgeschaltet.

Hinzufügen zu Gruppen einschränken

Besonders beliebt sind in den sozialen Medien Nutzernetzwerke, die in Gruppen miteinander kommunizieren. Das ist vergleichbar mit dem Treffen auf dem Spielplatz oder Pausenhof, nur eben virtuell. Man ist auf diese Weise miteinander in Kontakt und fühlt sich der Gruppe zugehörig – was gerade für Heranwachsende ein großes Bedürfnis befriedigt.

Allerdings kann die Gruppenzugehörigkeit auch jede Menge Kommunikationsaufwand mit sich bringen und vergrößert den virtuellen Bekanntenkreis, insbesondere wenn andere Ihr Kind zu einer Gruppe hinzufügen (siehe S. 39). Um genau dies zu verhindern, gibt es unter *Einstellungen*, *Privatsphäre*, *Nachrichten* die Möglichkeit, dass nur Personen Ihr Kind zu einer Gruppe hinzufügen können, denen es selbst folgt. Ist hier hingegen der Button *Alle* aktiviert, können prinzipiell alle Nutzer, die nicht blockiert sind, Ihr Kind zu einer Gruppe hinzufügen.

Nachrichtenanfragen einschränken

Entsprechend können Sie unter *Nachrichten* einstellen, ob *Alle* Nachrichtenanfragen stellen können oder nur *Personen, denen du folgst*.

→ **Analoge Kontaktaufnahme fördern**

Die Nachrichtenanfragen einzuschränken kann sinnvoll sein, da Ihr Kind so die volle Kontrolle darüber hat, wer ihm auf Instagram schreiben kann. Die Kontaktaufnahme geschieht dann normalerweise auf „analogem Weg", also auf einer Party oder in der Schule. Erst wenn Ihr Kind den neuen Kontakt auf Instagram abonniert hat und umgekehrt, können sich beide gegenseitig Nachrichten schicken.

‹ Einstellungen für Nachrichten

Neue Nachrichtenanfragen zulassen

Alle

Abgesehen von Personen, die du blockiert hast, k[...] jeder Nutzer neue Nachrichtenanfragen senden.

Nur Personen, denen du folgst

Nur Nutzer, denen du folgst, können dir Nachrichtenanfragen und Antworten auf deine St[...] senden. Wenn Personen, denen du nicht folgst un[...] du auch nicht blockiert hast, versuchen, dir eine Nachrichtenanfrage zu senden, werden sie darüber informiert, dass das nicht gestattet.

Zulassen, dass andere dich zu Gruppen hinzufügen

Alle

Abgesehen von Personen, die du blockiert hast, k[...] dich jeder Nutzer zu Gruppen hinzufügen.

Nur Personen, denen du folgst

Tipp

Kontakte kontrollieren? Wägen Sie ab:
Generell sollten Sie bei der Frage, inwieweit Sie die Kontaktmöglichkeiten einschränken, immer abwägen, ob Sie Ihrem Kind vertrauen können, dass es selbst eine vernünftige Auswahl trifft. Dass Eltern ihren Kindern die Freunde aussuchen, war schon in der analogen Welt nicht sonderlich beliebt und ist es auch in der virtuellen nicht. Idealerweise kennt Ihr Kind ab einem bestimmten Alter selbst die Kriterien, nach denen sich entscheiden lässt, mit wem man sich intensiver austauschen möchte und mit wem nicht. Aufgrund der Mechanismen der sozialen Medien kann aber doch größere Vorsicht notwendig sein als bei der Anbahnung von Freundschaften im „echten Leben".

Unerwünschte Resonanz und Mobbing vermeiden

Wie zu Beginn des Ratgebers ausgeführt, liegt ein entscheidender Unterschied zwischen den Medien vergangener Tage und den heutigen Social Media darin, dass Nutzer nicht nur Konsumenten sind, sondern die Inhalte aktiv mitgestalten. Dies bedeutet andererseits auch, dass Ihr Kind auf Instagram und anderen Plattformen dem Feedback anderer ausgesetzt ist. Das ist häufig positiv, liebevoll und bestätigend, manchmal aber auch negativ oder sogar beleidigend.

In diesem Abschnitt lernen Sie die wichtigsten Einstellungen kennen, mit denen Sie – falls nötig – die Interaktion anderer Nutzer zum Schutz Ihres Kindes einschränken oder sogar ausschließen können. Dabei sollten Sie ein Grundprinzip der sozialen Medien im Hinterkopf behalten:

→ **Die Algorithmen belohnen Engagement**

„Engagement", also die Anzahl der Kommentare, Likes und Beiträge, die ein Post hervorruft, ist das Indiz, mit dem die künstliche Intelligenz die Relevanz von Beiträgen einstuft. Ein Post, den niemand kommentiert, ist demnach irrelevant und wird nicht weiter vorgeschlagen oder unterstützt. Das Blockieren von Interaktion sorgt also dafür, dass die Algorithmen die Beiträge Ihres Kindes für weniger interessant halten.

Mit Eingriffen in diesem Bereich verringern Sie die Möglichkeiten Ihres Kindes, gesehen und entdeckt zu werden und mit seinen kreativen Produkten Erfolg auf Instagram zu haben – sofern das gewünscht ist. Weniger Resonanz bedeutet eben immer auch: weniger positive Resonanz.

Kommentare verwalten

Zunächst einmal dienen natürlich auch die Einstellungen des vorigen Abschnitts dazu, den Personenkreis zu beschränken, der überhaupt in Kontakt mit Ihrem Kind treten kann. Hier geht es nun um die gezielte Intervention bei beleidigenden Kommentaren oder kompromittierenden Posts.

Wenn Ihr Kind ein Bild postet, können Nutzer darunter ein Herzchen anklicken, wenn Ihnen das Bild gefällt. Sie können aber standardmäßig auch kommentieren. Diese Interaktion können Sie unter *Einstellungen*, *Privatsphäre*, *Kommentare* kontrollieren:

▶ **Einstellen, wer kommentieren darf:** Unter *Kontrolle* bestimmen Sie zunächst, von wem überhaupt Kommentare zugelassen werden sollen. Hier kann zwischen *Allen*, *Personen, denen du folgst*, *Deinen Abonnenten* und *Personen, denen du folgst und deinen Abonnenten* ausgewählt werden. (Wenn Sie *Privates Konto*, S. 91, eingestellt haben, entfällt diese Auswahlmöglichkeit, da hier ohnehin nur Abonnenten kommentieren können.)

▶ **Filter nutzen:** Darunter gibt es verschiedene Filtereinstellungen. Zunächst einmal können Sie *Beleidigende Kommentare verbergen*, was standardmäßig angeschaltet sein sollte. Instagram selbst hat bestimmte Schlüsselwörter gespeichert, nach denen dann die Kommentare durchsucht und gegebenenfalls blockiert werden. Der *Manuelle Filter* stellt eine sehr wichtige Möglichkeit dar, Kommentare zu verbergen, die bestimmte, von Ihnen definierte Wörter und Sätze enthalten.

Mithilfe des Filters können Sie eine Art „Blacklist" mit Beleidigungen oder Schimpfwörtern hinterlegen, falls diese wiederholt in Kommentaren vorkommen. Wenn Ihr Kind beispielsweise regelmäßig mit bestimmten Begriffen wegen seines Körpers gehänselt wird, könnten Sie diese hier eintragen, sodass die entsprechenden Kommentare nicht mehr erscheinen.

Tipp

Persönliche Daten durch Filter schützen: Beim Einstellen des manuellen Filters sollten Sie nicht nur an beleidigende oder jugendgefährdende Inhalte denken. Sehr sinnvoll kann es sein, hier die Adresse und Telefonnummer, vielleicht auch den Nachnamen Ihres Kindes einzugeben. Denn manche Nutzer machen sich einen Spaß daraus, durch die Preisgabe von persönlichen Daten in Kommentaren anderen zu schaden.

Filter

Beleidigende Kommentare verbergen ⬤

Potenziell beleidigende Kommentare automatisch in deinen Beiträgen, Stories, Reels und Live-Videos verbergen.

Manueller Filter ⬤

(01234) 5678901, (0173) 1234567, 12345 Musterstadt, Hans Mustermann, Mustermann

Wähle Wörter oder Sätze aus, damit wir Kommentare verbergen können, die diese Wörter oder Sätze enthalten.

Filter für die am häufigsten gemeldeten Begriffe ⬤

Wenn Sie auf *Manuelle Filter* klicken, finden Sie dort außerdem die Option *Filter für die am häufigsten gemeldeten Begriffe*. Diese Einstellung automatisiert dieses Verfahren, indem es Begriffe automatisch blockiert, die in den Beiträgen oder Storys Ihres Kindes am häufigsten gemeldet werden.

Insgesamt bieten diese Einstellungen eine gute Möglichkeit, ein gezieltes Mobbing zumindest zu erschweren.

Nutzer einschränken, blockieren oder melden

Wenn vor allem einzelne Nutzer durch unangenehme Kommentare auffallen, können sie gezielt blockiert werden. Dazu tippen Sie im entsprechenden Kommentar auf das Profilbild des Nutzers, um seinen Kanal aufzurufen. Wenn Sie nun rechts oben auf die drei Striche gehen, können Sie den Nutzer *Einschränken*, *Blockieren* oder *Melden*.

▶ **Einschränken:** Die Beiträge des Nutzers sind nicht mehr öffentlich sichtbar. Nur noch Ihr Kind und der Nutzer sehen die Kommentare.

▶ **Blockieren:** Der Nutzer bekommt künftig die Beiträge und Storys Ihres Kindes nicht mehr angezeigt.

▶ **Melden:** Hier können Sie Instagram zur Kenntnis geben, wenn der Nutzer Ihrer Meinung nach durch seine Kommentare eine Urheberrechtsverletzung begeht, unnötigen Spam produziert, unangemessene Inhalte verbreitet oder auf andere Weise gegen die Community-Richtlinien verstößt. Das Melden geschieht normalerweise anonym und es gibt auch keine Reaktion oder Bestätigung, dass eine Konsequenz erfolgt ist.

Einschränken
Blockieren
Melden
Deine Story verbergen
Abonnent entfernen
Profil-URL kopieren
Dieses Profil teilen
Abbrechen

Auf demselben Weg können Sie diese Einstellungen auch wieder zurücknehmen. Alternativ finden Sie unter *Einstellungen*, *Privatsphäre* im unteren Bereich die Kontakt-Optionen. Hier sehen Sie die Liste der Nutzer, die eingeschränkt, blockiert oder stummgeschaltet sind, und können sie bei Bedarf wieder freigeben.

Antworten auf Storys blockieren

Wenn Ihr Kind eine Instagram-Story erstellt, können die Betrachter dazu eine Antwort verfassen. Sie müssen dafür nur im jeweiligen Story-Post unten in die Textzeile tippen und hineinschreiben. Auch hier können natürlich unangenehme verbale Konfrontationen entstehen, zu deren Vermeidung es Einstellungsmöglichkeiten gibt. Unter *Einstellungen*, *Privatsphäre* und *Story* können Sie zunächst auswählen, wer überhaupt die Storys Ihres Kindes sehen darf und wer nicht. Außerdem kann hier eingestellt werden, ob Antworten auf die Storys zugelassen sind, und wenn ja, ob für *Alle* oder nur *Personen, denen du folgst*.

Sollten die Storys Ihres Kindes in anderen Profilen geteilt werden, um sich darüber lustig zu machen, können Sie am unteren Ende der Seite auch die Einstellungen zum Teilen vornehmen, wie auf S. 95 bereits beschrieben.

Einstellungen zum Zeitmanagement

Neben den im letzten Kapitel beschriebenen Möglichkeiten der Betriebssysteme können Sie auch in Instagram selbst einige Einstellungen vornehmen, die einer übermäßigen Beschäftigung mit der App wenigstens ein Stück weit entgegenwirken. Es geht dabei nicht um eine allgemeine Beschränkung der Nutzungsdauer, sondern darum, Eigenschaften der Plattform zu beschränken, die eher indirekt zu einer verstärkten Nutzung verleiten.

Alle Push-Benachrichtigungen (zeitweise) abschalten

Möglicherweise „poppen" auf dem Home-Bildschirm des Smartphones Ihres Kindes ständig irgendwelche Benachrichtigungen auf. Irgendeine App meldet den Eingang einer neuen Nachricht, einer Antwort, eines Kommentares oder das Eintreffen neuer Bilder etc. Diese sogenannten Push-Benachrichtigungen sind eine stetige Aufforderung, darauf zu tippen und sich die Neuigkeit anzusehen. Wo immer eine sofortige Information über eingehende Neuigkeiten nicht existenziell wichtig ist, können und sollten Sie diese daher ausschalten.

In Instagram gehen Sie wie folgt vor, wenn Sie diese Benachrichtigungen (vorübergehend) ausstellen wollen:

1 In der Kanalansicht (die Sie erreichen, indem Sie auf Ihr Profilbild klicken) tippen Sie auf die drei Striche und wählen dort die *Einstellungen*.

2 Wählen Sie dort den Menüpunkt *Benachrichtigungen* und tippen auf den Button ganz oben *Alle anhalten*.

3 Hier können Sie für eine gewisse Zeit – beispielsweise während der Hausaufgaben – die Benachrichtigungen deaktivieren, aber nur für maximal acht Stunden.

Nach Art der Push-Benachrichtigungen unterscheiden

Während *Alle anhalten* eine schnelle erste Hilfe für konkrete Situationen darstellt, in denen Ihr Kind ungestört sein will oder soll, sind die weiteren Einstellungen unter *Benachrichtigungen* von Dauer und ohne zeitliche Beschränkung wirksam:

▶ Beiträge, Storys und Kommentare: Hier kann eingestellt werden, ob und von wem man zu diesen drei Interaktionsarten Push-Benachrichtigungen erhält. Sie werden staunen, wie viele Mitteilungen die App allein in diesem Bereich versendet: Wenn jemandem ein Foto Ihres Kindes gefällt, wenn jemand einen Kommentar schreibt, wenn jemand Ihr Kind auf einem Foto markiert, wenn jemand einen Kommentar kommentiert ... Wenn Sie verhindern wollen, dass Ihr Kind seine Aufmerksamkeit vollständig auf das Leben in den Social Media richtet, müssen hier die meisten Buttons auf *Aus* stehen.

▶ Abonnements und Abonnenten: Hier stellen Sie ein, ob Ihr Kind über bestätigte Abo-Anfragen informiert werden soll, ob es wissen möchte, wenn ein Freund von einem anderen verbundenen Netzwerk, zum Beispiel Facebook, jetzt auch Instagram nutzt oder wenn es in einem Steckbrief erwähnt worden ist. Unter einem Steckbrief versteht man die Kanalbeschreibung, mit der sich Instagram-Nutzer der Community vorstellen. Der geläufigere Begriff dafür ist allerdings „Bio" als Abkürzung für „Biografie", auch wenn hier zumeist nicht nur biografische Angaben zu finden sind.

▶ Direct-Nachrichten: Hier können Sie ebenfalls wichtige Einstellungen vornehmen. Es geht um Benachrichtigungen, wenn jemand eine Nachrichtenanfrage stellt, die bestätigt werden muss, wenn jemand Ihr Kind zu einer Gruppe hinzufügen möchte, wenn jemand einen Videochat mit Ihrem Kind beginnen möchte oder wenn eine neue Nachricht in einem der Postfächer Ihres Kindes eingegangen ist.

Nachrichten priorisieren

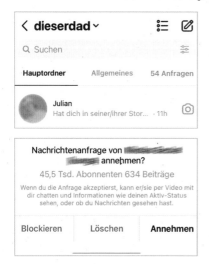

Bei den Postfächern wird zwischen Haupt- und allgemeinem Postfach unterschieden, was eine sinnvolle Möglichkeit eröffnet: Wenn Ihr Kind die wichtigsten Kontaktpersonen wie Eltern, Großeltern oder beste Freundin in das Hauptpostfach verschiebt, kann es hilfreich sein, wenn es über eingehende Nachrichten dieser Gruppe auch tatsächlich mit einer Push-Benachrichtigung informiert wird. Deshalb zeigen wir in diesem Abschnitt, wie Sie Nachrichten priorisieren und in Kategorien verschieben können.

Tippen Sie unten links auf das *Haus*-Symbol, um zur Home-Ansicht der App zu gelangen, und dann oben rechts auf den *Papierflieger*, der als Symbol für die Nachrichten steht. Jetzt öffnet sich das Postfach, das in drei verschiedene Bereiche geteilt ist:

▶ Ganz rechts sind die Anfragen, die erst bestätigt werden müssen, damit die Kommunikation überhaupt zustande kommt. (Wenn es keine Anfragen gibt, fehlt dieser Bereich.)

▶ In der Mitte ist der Ordner *Allgemeines* mit den Nachrichten, die Ihr Kind angenommen hat.

▶ Ganz links ist der *Hauptordner*, in den die Korrespondenz mit wichtigen Kontakten abgelegt wird.

Wenn Sie auf eine Anfrage tippen, können Sie die Nachricht unten *Blockieren*, *Löschen* oder *Annehmen*. Beim *Annehmen* entscheiden

Sie wiederum, ob die Korrespondenz in den *Hauptordner* kommt oder nur in den Ordner *Allgemeines*.

Ist diese Zuordnung einmal vorgenommen, kann sie geändert werden, indem man in der gewünschten Korrespondenz rechts oben auf das kleine *i* tippt und den Kontakt in einen anderen Ordner verschiebt.

Kontakte stummschalten

Wenn Sie in einer beliebigen Nachricht auf das kleine *i* tippen, können Sie den entsprechenden Nutzer auch *Einschränken*, *Melden* oder *Blockieren* (siehe S. 100) oder seine *Nachrichten stummschalten* oder den mit ihm geführten *Videochat stummschalten*.

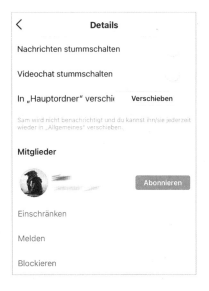

→ **Was bewirkt das Stummschalten?**

Das Stummschalten ist eine Möglichkeit, um Storys und Posts von sehr mitteilsamen Nutzern oder Kanälen keine Aufmerksamkeit schenken zu müssen. Man folgt diesen Nutzern dann weiterhin, sieht aber nicht mehr automatisch, was sie von sich geben.

Die Storys stummgeschalteter Profile finden sich in der Home-Ansicht (*Haus*-Symbol unten links), wenn man die runden Profilbild-Kreise im oberen Bereich mit dem Finger ganz nach rechts scrollt. Die stummen Storys sind ausgegraut und können zwar auf Wunsch betrachtet werden, erscheinen aber nicht mehr im Feed, werden also nicht mehr automatisch beim Betrachten der Storys mit einbezogen.

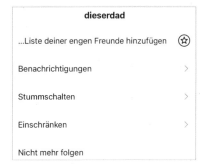

Um einen Nutzer stummzuschalten, tippt man am besten in einer Story, einem Post oder einem Kommentar auf sein Profilbild und geht auf die Auswahlbox *Abonniert*. Es öffnet sich ein Pop-up-Menü, in dem man die *Benachrichtigungen* zu diesem Nutzer einstellen, ihn *Stummschalten*, *Einschränken* oder ihm sogar *Nicht mehr folgen*, das heißt, ihm die Gefolgschaft aufkündigen kann.

Accounts stummzuschalten bietet sich vor allem an, wenn man im Grunde im Kontakt sein möchte, aber nicht alles wissen muss, was die betreffende Person den ganzen Tag treibt. Auch bei Kanälen, die sehr viel Werbung in ihre Storys integrieren, ist Stummschalten eine gute Möglichkeit, seine Wahrnehmung zu kontrollieren und Prioritäten zu setzen.

Aktivitätsstatus

Bei der Kommunikation über die Social Media handelt es sich, wie bei E-Mail oder SMS, um eine „asynchrone". Das bedeutet, dass die Gesprächspartner, anders als beispielsweise in einem Telefonat, zeitlich unabhängig voneinander agieren und entsprechend auf Antwort des anderen warten müssen. Manchmal dauert es nur Sekunden, manchmal Tage.

Deshalb besteht ein gewisses Interesse daran, zu wissen, ob der andere eigentlich gerade online

> ‹ **Aktivitätsstatus**
>
> Aktivitätsstatus anzeigen
>
> Konten, denen du folgst, und Personen, denen du Nachrichten schreibst, können so sehen, wann du zuletzt auf Instagram-Apps aktiv warst. Wenn du diese Option deaktivierst, kannst du den Aktivitätsstatus anderer Konten nicht sehen.

Tipp

Ungestörtes Lernen ermöglichen: Wenn sichtbar ist, dass ein Nutzer gerade aktiv ist, wird er natürlich auch eher angeschrieben, weil man sich eine rasche Antwort erhofft. Während der Hausaufgaben – sofern das Smartphone da nicht ohnehin außer Reichweite Ihres Kindes liegt – sollte der Aktivitätsstatus deshalb ausgeschaltet sein, Gleiches gilt für alle Benachrichtigungen.

ist, also potenziell die Nachricht bereits lesen und antworten könnte. Genau das kann man am Aktivitätsstatus erkennen. Ist dieser aktiviert, können andere Nutzer sehen, ob Ihr Kind gerade auf Instagram aktiv ist, und ebenso, wann es dort zuletzt war.

Wenn Sie nicht möchten, dass angezeigt wird, ob Ihr Kind gerade online ist, dann gehen Sie in den *Einstellungen* auf *Privatsphäre* und wählen dann bei *Aktivitätsstatus* die entsprechende Option aus. Eine kleine Einschränkung geht damit allerdings einher: Wer die anderen über seinen eigenen Status im Unklaren lässt, sieht auch selbst nicht, ob andere Nutzer aktiv sind.

Unerwünschte Inhalte vermeiden

Instagram hat keine spezielle Einstellung, mit der jugendgefährdende Inhalte blockiert werden können. Allerdings ist in den AGB und vor allem den Gemeinschaftsrichtlinien ausführlich geregelt, was auf der Plattform geduldet wird und was nicht. Spam, Hass, Mobbing und Rassismus sind ebenso wenig erwünscht wie Urheberrechts- und andere Rechtsverletzungen.

Besonders detailliert ist die Beschreibung von unerwünschter „Nacktheit" auf Instagram. Frauen beim Stillen sind in Ordnung, Brustwarzen nicht. Nackte oder halbnackte Kinder sollen nicht gezeigt werden. Die amerikanische Herkunft der Plattform ist hier unverkennbar.

Wenn Sie Veröffentlichungen als jugendgefährdend oder den Community-Richtlinien nicht angemessen einschätzen, können Sie diese melden. Handelt es sich um einen Kommentar, wischen Sie über dem Kommentar leicht nach links. Dann öffnet sich ein Feld mit einem Ausrufezeichen, über das Sie die Meldefunktion erreichen. Zum Melden von Profilen, Bildern oder Storyposts tippen Sie die drei Pünktchen in der rechten oberen Ecke an. Außer bei Urheberrechtsverstößen geschieht das Melden anonym, ist also völlig ungefährlich.

Laut Gemeinschaftsrichtlinie prüft ein „internationales Team" die

gemeldeten Verstöße und entfernt unrechtmäßige Posts möglichst rasch. Dass dies bei Zigmillionen täglichen Posts nicht ganz einfach ist, kann man sicher nachvollziehen.

→ Funktioniert das Meldesystem?

Das Meldesystem funktioniert prinzipiell schon, und eine irreführende, falsche Behauptung eines bekannten Populisten wird vermutlich auch gelöscht. Im Einzelfall und bei weniger prominenten Nutzern besteht aber sicher noch Verbesserungsbedarf. Auch im Bereich Gewaltdarstellung und -verherrlichung gibt es Lücken. Hier bleibt Ihnen zunächst nichts anderes übrig, als die entsprechenden Nutzer zu blockieren oder am besten durch Einstellen der Privat-Funktion gar nicht erst zuzulassen.

Werbeanzeigen verringern

Es gibt keine Möglichkeit, in der App Werbung grundsätzlich auszuschalten oder die personalisierte Werbung zu verhindern. Was auf Ebene des Betriebssystems möglich ist, erfahren Sie im letzten Kapitel. Ebenso lässt sich die neue Shop-Funktion nicht umgehen: In der unteren Leiste gibt es seit Neuestem ein *Einkaufstaschen*-Symbol, hinter dem sich jede Menge Kaufangebote verbergen.

Sie können allerdings auf einzelne Anzeigen, die Ihrem Kind im Feed oder in den Storys angezeigt werden, reagieren. Diese sind links oben unter dem Accountnamen mit dem Hinweis „gesponsert" versehen und dadurch als Werbung zu erkennen. Tippen Sie nun rechts auf die drei Punkte, können Sie über *Werbeanzeige verbergen* oder *Werbeanzeige melden* künftige Werbung beeinflussen.

> Werbeanzeige verbergen
>
> Werbeanzeige melden
>
> **Infos zu Instagram-Werbeanzeigen**
>
> Abbrechen

Wenn Ihr Kind beispielsweise Werbung für Videospiele angezeigt bekommt und Sie das nicht möchten, lässt sich die Präferenz durch regelmäßiges Verbergen von Anzeigen aus diesem Bereich zumindest einschränken. Ganz ausschalten lässt sich Werbung jedoch nicht. Darin besteht eben das Geschäftsmodell des Anbieters.

TikTok

Während Instagram sich auch bei Erwachsenen großer Beliebtheit erfreut, ist TikTok die App der ganz jungen Generation: Im Jahr 2019 waren nur 15 Prozent der Nutzer in Deutschland über 35 Jahre alt, der Anteil der 16- bis 24-Jährigen betrug 69 Prozent. Erlaubt ist die Nutzung bereits ab 13 Jahren. Es ist also gut möglich, dass TikTok die Lieblings-App Ihres Kindes ist. In diesem Kapitel erfahren Sie, mit welchen Einstellungen Sie Ihr Kind bei der sicheren Nutzung der Videoclip-Plattform unterstützen können.

Mini-Videos nicht nur für Tänzer

TikTok entstand aus der App musical.ly, über die vorwiegend weibliche Jugendliche Videos von 15 bis 60 Sekunden Länge veröffentlichten. Im Kern erfüllte die App das Bedürfnis vieler junger Mädchen, sich wie ein Popstar zu fühlen: In den Videos bewegten sie ihre Lippen synchron zu aktuellen Pophits und tanzten dabei selbst erfundene oder von Stars der Szene vorgegebene Choreografien.

Nachdem es Beschwerden wegen sexistischer und jugendgefährdender Tendenzen gab, ging musical.ly 2018 in der neuen TikTok-App auf. Das Ziel der Umfirmierung war, die Social-Video-App sicherer und jugendfreundlicher zu machen und vor allem ihr inhaltliches Spektrum zu erweitern. Zumindest Letzteres scheint gelungen, denn inzwischen tummeln sich auf der App neben Tänzerinnen und Tänzern auch Comedians, Schauspieler, Politiker, Lehrer, Musiker, Anwälte und alle möglichen, aus anderen sozialen Medien bekannten Stars jeden Alters.

So beliebt die TikTok-App auch ist, so kritisch wird sie wegen der Zugehörigkeit zum chinesischen Konzern ByteDance gesehen. Der frühere US-Präsident Trump wollte TikTok sogar verbieten, da er befürchtete, die Daten könnten der chinesischen Regierung zugespielt

werden und damit Schaden anrichten. Ohne zu bewerten, wie realistisch diese Gefahr ist, sollen im Folgenden die Möglichkeiten erläutert werden, wie die App an Ihr Sicherheitsbedürfnis angepasst werden kann. Viele grundsätzliche Anmerkungen und Konsequenzen bestimmter Einstellungen wurden bereits im vorangegangenen Kapitel am Beispiel von Instagram ausführlich thematisiert, sodass sich gegebenenfalls ein Lesen des entsprechenden Abschnitts dort ebenfalls lohnt.

Blick ins Kleingedruckte

Wie bei Instagram müssen Sie auch für die Nutzung von TikTok eine ganze Reihe von Dokumenten zur Kenntnis nehmen und ihnen zustimmen. Falls Sie nachlesen wollen, in was Sie eingewilligt haben, gehen Sie wie folgt vor:

1 Tippen Sie in der App unten rechts auf *Profil* und rufen dann über die drei Punkte rechts oben die *Einstellungen* auf.

2 Wenn Sie nach unten scrollen, finden Sie die *Community-Richtlinien*, die *Nutzungsbedingungen*, die *Datenschutzerklärung* und die *Richtlinie zum Urheberrecht*.

Community-Richtlinie

Die Community-Richtlinie (Stand: Dezember 2020) ist noch umfangreicher als die von Instagram und beinhaltet eine detaillierte Auflistung der Dinge, die auf der Plattform nicht erwünscht sind. Auch wenn die Inhalte vergleichbar sind, entsteht der Eindruck, dass die App spezieller auf Minderjährige und Teenager zugeschnitten ist als Instagram. Unerwünscht sind – neben Terrorismus und Rechtsbrüchen aller Art – der Gebrauch von Waffen, Drogenkonsum insbesondere bei Minderjährigen, übermäßig brutale oder schockierende Gewalt, Suizid und Selbstverletzung, Hassrede, Belästigung, Mobbing, sexuelle Ausbeutung, Pornografie, Sexualisierung von Minderjährigen, Cybergrooming (siehe S. 43), Spam, Identitätsklau, irreführende Information und Urheberrechtsverletzungen.

Wäre die Plattform in der Lage, ihre Richtlinien hundertprozentig und zu jeder Zeit durchzusetzen, müssten Sie jetzt dieses Kapitel nicht weiterlesen. Bei laut Statista 800 Millionen aktiven Nutzern weltweit, die nicht nur Videos schauen, sondern wenigstens teilweise auch hochladen, kann man davon aber nicht ausgehen.

Nutzungsbedingungen

Um TikTok überhaupt nutzen zu können, muss man den Nutzungsbedingungen zustimmen. Hier heißt es im dritten Abschnitt:

→ **Ab welchem Alter darf man TikTok nutzen?**

„Für Ihre Registrierung, den Zugriff auf die Dienste oder deren Nutzung müssen Sie in der Lage sein, mit TikTok einen rechtsverbindlichen Vertrag abzuschließen, der diese Nutzungsbedingungen enthält. Sie müssen außerdem mindestens 13 Jahre alt sein, diesen Nutzungsbedingungen zustimmen und sich verpflichten, diese einzuhalten."

Da Minderjährige in Deutschland prinzipiell keine rechtsverbindlichen Verträge eingehen können, bedeutet das im Klartext, dass TikTok nur mit Genehmigung von Erziehungsberechtigten genutzt werden darf – und auch das erst ab einem Alter von 13 Jahren.

Mit den Nutzungsbedingungen erkennt man zudem die Community-Richtlinie an und verpflichtet sich, „keine Inhalte in die Dienste unberechtigt hochzuladen, die das (geistige) Eigentum einer anderen Person sind".

Während der Nutzer vollständig für die Rechtmäßigkeit seiner Uploads haftet, sichert sich TikTok hingegen praktisch alle denkbaren Verwertungsrechte an den von den Nutzern hochgeladenen Inhalten. Die Plattform räumt ein, dass sie durch den Dienst „Einnahmen erzielen und den Firmenwert steigern oder unseren Wert auf andere Weise erhöhen" kann, und lässt sich bestätigen, dass den Nutzern für ihre Beteiligung daran weder Gegenleistung noch Honorar zustehen. Auch sehr erfolgreiche TikToker werden bislang also nicht an den von TikTok erzielten Werbeeinnahmen beteiligt. Allerdings haben die Stars der Plattform natürlich, genau wie bei anderen Social-Media-Apps, die Möglichkeit, durch Kooperationen Geld zu verdienen.

→ **Verzicht auf Tantiemen: Darf TikTok das fordern?**

Urheber musikalischer Werke werden durch die Nutzungsbedingungen von TikTok dazu gezwungen, auf ihre sonst üblichen Tantiemen zu verzichten. Die Formulierungen hierzu sind zunächst einmal recht eindeutig: „Dies bedeutet, dass Sie uns das Recht gewähren, Ihre Nutzerinhalte zu verwenden, ohne zur Zahlung von Lizenzgebühren an Sie oder Dritte verpflichtet zu sein." Komponisten und Texter müssen also eigentlich bei ihrer Verwertungsgesellschaft, zum Beispiel der GEMA, dafür sorgen, dass TikTok die Musik kostenlos nutzen kann. Da dürfte das letzte Wort jedoch noch nicht gesprochen sein.

Tipp

Kurzfassung der Datenschutzerklärung:
Eine Besonderheit innerhalb der AGB ist, dass es von der Datenschutzerklärung eine Kurzfassung speziell für Minderjährige gibt. Hier wird für junge Nutzer verständlich erklärt, welche Daten erfasst werden – zum Beispiel auch „Dein ungefährer Standort" –, wie sie verwendet und gespeichert werden und an wen sie weitergegeben werden, zum Beispiel an andere soziale Netzwerke, Werbetreibende und Strafverfolgungsbehörden.

Richtlinie zum Urheberrecht

Die Richtlinie zum Urheberrecht ist nur in englischer Sprache verfügbar. Hier wird dargestellt, dass TikTok das Urheberrecht und das Markenschutzrecht anerkennt und Inhalte entfernt, die dagegen verstoßen.

Schutz der Privatsphäre und vor unerwünschten Kontakten

Die wichtigsten Funktionen, um die Auffindbarkeit auf der Plattform einzuschränken, finden Sie an folgender Stelle:

1 Tippen Sie in der App unten rechts auf *Profil*.

2 In der Profilansicht tippen Sie oben rechts die drei Punkte an, um in die *Einstellungen* zu gelangen.

3 Die meisten Einstellungsmöglichkeiten, die im Folgenden beschrieben werden, sind hier unter *Datenschutz* zu finden.

Privates Konto

Ähnlich wie auf Instagram besteht auch auf TikTok die umfassendste Einschränkung, die zugleich den meisten Schutz bietet, darin, das Konto als „privat" zu konfigurieren.

Dann kann das Profil zwar weiterhin in der Suche erscheinen oder als Vorschlag angezeigt werden, aber die Beiträge Ihres Kindes sind nicht mehr öffentlich

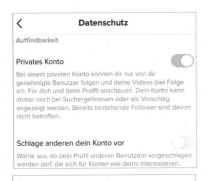

einsehbar. Nur genehmigte Nutzer können dann Ihrem Kind folgen und seine Videos ansehen. Um diese Einstellung zu aktivieren, tippen Sie neben dem Eintrag *Privates Konto* auf den Button, sodass er sich grün einfärbt und der Regler auf die rechte Seite rückt.

Die Funktion „Schlage anderen dein Konto vor"

Wenn Sie direkt unter der Einstellung *Privates Konto* den Button *Schlage anderen dein Konto vor* deaktivieren, sodass er ausgegraut und der Regler links ist, dann wird das Konto Ihres Kindes anderen Benutzern nicht mehr vorgeschlagen. Eine TikTok-Karriere ist damit natürlich auch nicht mehr möglich und die Beiträge werden vermutlich (nach entsprechender Genehmigung) nur persönliche Bekannte Ihres Kindes erreichen.

Kontakte finden

TikTok möchte gern Zugriff auf die Kontakte Ihres Kindes, damit sich Bekanntschaften aus der analogen Welt auch möglichst einfach auf TikTok finden können. Wenn Sie nicht wollen, dass die Plattform das private Netzwerk Ihres Kindes virtuell nachvollziehen kann, indem es auf die in seinem Smartphone gespeicherten Kontaktdaten zugreift, sollte diese Einstellung deaktiviert sein.

Gesperrte Konten

Falls Ihr Kind schlechte Erfahrung mit einzelnen Nutzern gemacht haben sollte, kann es diese Kontakte blockieren. Eine Liste dieser Nutzer finden Sie ganz unten auf der *Datenschutz*-Seite unter *Gesperrte Konten*.

Einen Nutzer sperren

Um einen Nutzer zu sperren, tippen Sie in einem beliebigen Beitrag auf dessen Profilbild. Dieses finden Sie in Videobeiträgen auf der rechten Seite mittig und in Kommentaren ganz links neben dem entsprechenden Eintrag. Wenn Sie die Profilseite aufgerufen haben, können Sie den Nutzer über die drei Punkte rechts oben melden, sperren oder entfernen.

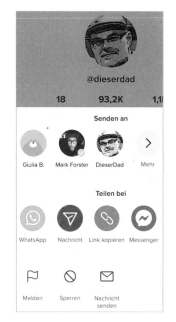

▶ Melden: Über diese Funktion nimmt TikTok Beschwerden zu Verstößen gegen die Community-Richtlinie entgegen. Sie müssen einen entsprechenden Grund angeben.

▶ Sperren: Wird ein Nutzer gesperrt, kann er sowohl Profil als auch die Inhalte Ihres Kindes nicht mehr sehen.

▶ Entfernen: Jeder Nutzer kann selbst entscheiden, wer ihm folgen darf und wer nicht. Durch Tippen auf *Entfernen* wird die Beziehung beendet.

Unerwünschte Resonanz und Mobbing vermeiden

Um zu verhindern, dass Ihr Kind auf TikTok beleidigt oder belästigt wird, können Sie entweder die Personen beschränken, die überhaupt einen Kontakt herstellen können, oder die Wege, über die man in Kontakt treten kann. Wie Sie einen Nutzer melden, sperren oder entfernen, haben Sie im vorherigen Abschnitt erfahren. Deshalb geht es im Folgenden um die Möglichkeiten, Nachrichten einzuschränken oder bestimmte Inhalte zu vermeiden.

Direktnachrichten senden

Um unangenehme Resonanz zu bekommen, muss Ihr Kind anderen überhaupt erst die Möglichkeit dazu einräumen. Nicht jeder kann nämlich auf TikTok einfach jedem eine Nachricht senden. Unter *Einstellungen* und *Datenschutz* können Sie hierfür die entsprechenden Korrekturen vornehmen. Im untersten Abschnitt, der mit *Sicherheit* überschrieben ist, finden Sie den Menüpunkt *Wer dir Direktnachrichten senden kann*:

▶ **Niemand:** Wenn Sie beispielsweise der Meinung sind, dass WhatsApp, Instagram oder SMS absolut ausreichen, um zu kommunizieren, können Sie hier *Niemand* einstellen.

▶ **Freunde:** Ansonsten können nur *Freunde* eine Nachricht schreiben, Follower also, denen Ihr Kind selbst folgt.

Dass fremde Nutzer – also Personen, denen Ihr Kind nicht folgt – Ihr Kind über eine Direktnachricht kontaktieren, ist bei TikTok nicht möglich. Aber natürlich kann es sein, dass sich Ihr Kind mit einer Person auf TikTok „befreundet", die es gar nicht wirklich kennt. Daher bietet auch diese Plattform in dieser Hinsicht keine absolute Sicherheit.

Kommentarmöglichkeiten beschränken

Ebenfalls unter *Datenschutz*, etwas weiter unten finden Sie den Menüpunkt *Wer deine Videos kommentieren kann*. Auch Kommentare können für Beleidigung oder Belästigung genutzt werden, deshalb können Sie hier die Kommentarfunktion vollständig abschalten, nur Freunden Kommentare erlauben oder allen Nutzern

Tipp

Denken Sie auch an „individuelle Schimpfwörter": Wenn Sie den Filter mit Begriffen füllen,
sollten Sie auch an potenzielle Beleidigungen denken,
die in den Standardeinstellungen nicht vorgesehen sind,
weil sie dafür zu speziell sind. Zum Beispiel kann es sein,
dass sich der Name Ihres Kindes auf beleidigende Art
abwandeln lässt. Alle Kommentare, die diese Wörter beinhalten, werden dann künftig blockiert.

von TikTok. Je weniger kommentiert wird, desto weniger interessant sind die Beiträge allerdings für die künstliche Intelligenz, die den TikTok-Nutzern Inhalte vorschlägt. Eine Karriere auf der Plattform wird also ohne Kommentarfunktion schwer werden.

Direkt unter dieser Einstellung können Sie im Abschnitt *Kommentarfilter* ganz allgemein Kommentare filtern, die Spam sind oder potenzielle Beleidigungen enthalten. Tippen Sie diesen Button auf jeden Fall an, damit er grün markiert ist und der Regler auf der rechten Seite steht. Wer will schon beleidigt werden!

Außerdem können Sie hier bestimmte *Stichwörter hinzufügen*, nach denen die Kommentare dann durchsucht werden. Mit dem roten Pluszeichen können Sie Begriffe wie Schimpfwörter hinzufügen, aber beispielsweise auch Telefonnummern, Adresse oder den Nachnamen Ihres Kindes, damit niemand die Kommentarfunktion nutzen kann, um diese persönlichen Daten öffentlich zu machen.

← **Wer deine Videos kommentier...**

Alle

Freunde   ◉
Follower, denen du ebenfalls folgst

Niemand

‹   **Kommentarfilter**

Spam und beleidigende Kommentare filtern   ⬤
Kommentare, die beleidigend oder Spam sein könnten, bei
deinen Videos verbergen

Schlüsselwörter filtern   ⬤
Kommentare mit festgelegten Schlüsselwörtern bei deinen
Videos automatisch verbergen

➕ Stichwörter hinzufügen

Hurensohn

(01234) 56789

(0173) 12345678

Duett und Stitch – was ist das?

Duetts und Stitches stellen eine weitere Möglichkeit für Kreative dar, wie sie auf TikTok bekannt werden können:

▶ **Duett:** Beim Duett wird das Video des Nutzers auf der einen Seite dargestellt und ein anderer Nutzer kann dazu eine Ergänzung oder eine Reaktion verfassen, die dann zeitgleich abgespielt wird.

▶ **Stitch:** Ein Stitch ist ein kleines Zitat, durch das Schnipsel eines Videos in den eigenen Beitrag eingefügt werden können.

Beide Möglichkeiten haben kreatives Potenzial, sie können anregend sein und zu interessanten Collagen führen. So kann ein Musiker in Deutschland zu einem a cappella vorgetragenen Musikvideo aus den USA Klavier spielen, oder natürlich umgekehrt. Jede Funktion, die kreativ nutzbar ist, kann aber auch destruktiv eingesetzt werden, etwa um einen Beitrag lächerlich zu machen. Was einmal als Duett oder Stitch in der Welt ist, kann nicht mehr so leicht von der Plattform entfernt werden.

Interaktionen einschränken

Falls unliebsame Duette entstehen oder Sie die Möglichkeit dazu gar nicht bieten wollen, können Sie unter *Einstellungen* und *Datenschutz* im unteren Bereich bei *Sicherheit* auch einstellen, wer mit den Videos Ihres Kindes ein Duett oder ein Stitch aufführen kann.

Direkt darunter findet sich der Menüpunkt *Wer die Videos sehen kann, die dir gefallen*. Wenn dieser Eintrag auf *Alle* steht, können sich Freunde darüber austauschen und voneinander lernen, was es für interessante Kanäle und Videos auf TikTok zu sehen gibt. Jugendliche stöbern gerne in den Playlists von Gleichaltrigen, um „up to date" zu sein. Wenn Ihr Kind aber negative

Resonanz zum Beispiel dafür bekommt, dass es mit 14 Jahren immer noch gerne „Kinderkram" anschaut, empfiehlt es sich, den Haken bei *Nur ich* zu setzen.

2-Stufen-Verifizierung

Um andere Kinder in Bedrängnis zu bringen oder ihnen Schwierigkeiten in der Gruppe zu bereiten, können Nutzer versuchen, das Profil zu „hacken" und dann im Namen Ihres Kindes Nachrichten zu verschicken und Videos zu posten. Vielleicht hat Ihr Kind auch jemandem unvorsichtigerweise seine Zugangsdaten genannt und sobald die Freundschaft endet, wird das ausgenutzt. Schalten Sie deshalb auf jeden Fall die 2-Stufen-Verifizierung ein, um den TikTok-Account vor unberechtigtem Zugriff zu schützen. Wenn diese Funktion aktiviert ist, wird zu der im Konto eingetragenen Mailadresse oder Mobilfunknummer ein Bestätigungscode geschickt, falls sich jemand bei diesem TikTok-Profil anmeldet.

1 Gehen Sie dafür aus dem Kanalprofil über die drei Striche in die *Einstellungen* und tippen Sie auf den Menüpunkt *Sicherheit*.

2 Dort können Sie dann unter *2-Stufen-Verifizierung* auswählen, mit welcher Methode Sie den Code erhalten möchten.

3 Außerdem haben Sie unter *Deine Geräte* die Möglichkeit, nachzusehen, von welchen Handys aus bereits Anmeldungen erfolgt sind. Auf diesen ist dann kein Anmeldecode mehr erforderlich! Hat Ihre Tochter beispielsweise das Smartphone ihrer besten Freundin benutzt, um das eigene TikTok-Profil aufzurufen, können Sie diesen Eintrag hier sehen und bei Bedarf auch löschen.

Einstellungen zum Zeitmanagement

Auch auf TikTok können Sie einige Einstellungen vornehmen, die zusätzlich zu den im Kapitel über die Betriebssysteme beschriebenen Möglichkeiten sinnvoll sein können. Tatsächlich wartet diese Social-Media-App sogar mit einer eigenen Bildschirmzeit-Kontrolle auf!

Bildschirmzeit-Management

Da den TikTok-Entwicklern offenbar bewusst war, dass das Design der App sämtliche Kriterien erfüllt, die zu einem übermäßigen Konsum führen können, wurde – zunächst zur Selbstkontrolle – ein eigenes Bildschirmzeit-Management integriert. Sie erreichen es über die *Einstellungen*, in denen Sie weiter unten den Menüpunkt *Digital Wellbeing* finden. Hier können Sie unter der Überschrift *Bildschirmzeit-Management* eine maximale Nutzungsdauer für die TikTok-App zwischen 40 und 120 Minuten eingeben und einen Passcode vergeben.

Nach der eingestellten Zeit wird die App gesperrt und kann nur über den Passcode wieder nutzbar gemacht werden. Wenn Sie nicht wollen, dass Ihr Kind den Code knackt, sollten Sie allerdings besser nicht etwas so Naheliegendes wie Ihr Geburtsdatum verwenden …

→ **Mindestens 40 Minuten Nutzung**

Auf weniger als 40 Minuten können Sie die Nutzungszeit mit dieser Funktion allerdings nicht begrenzen. Sollten Sie keine weiteren Vereinbarungen mit Ihrem Kind haben oder auf Betriebssystemebene Einschränkungen vornehmen, sind 40 Minuten für eine einzige App nicht gerade wenig. Schließlich gibt es ja daneben noch Instagram, Snapchat, YouTube und viele weitere Möglichkeiten, sich die Zeit zu vertreiben.

Mit dem ab S. 128 beschriebenen *Begleiteten Modus* können Sie die Bildschirmzeit Ihres Kindes und weitere Einstellungen übrigens auch aus der Ferne vom eigenen Smartphone aus verwalten.

Push-Benachrichtigungen

Wie schon bei Instagram können Sie auch bei TikTok die Push-Benachrichtigungen für einzelne Bereiche konfigurieren. Am einfachsten ist es natürlich, diese ganz auszuschalten, damit bei Interaktionen auf der Plattform nicht auch noch eine Mitteilung auf dem Smartphone Ihres Kindes aufpoppt. Wie das geht, wird im letzten Kapitel auf S. 170 (iOS) bzw. S. 183 (Android) dargestellt. Sollten Sie hier nicht grundsätzlich alle Push-Benachrichtigungen abgeschaltet haben, können Sie in der App unter *Einstellungen*, *Push-Benachrichtigungen* entscheiden, bei welchem Vorkommnis eine Benachrichtigung erfolgen soll.

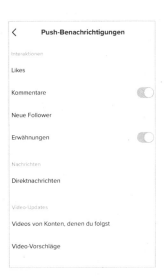

Natürlich kann es Gründe geben, warum Ihr Kind über neue Likes, Kommentare, neue Follower, neue Video-Uploads, einen beginnenden Livestream oder empfohlene Übertragungen informiert werden sollte. Auch der Eingang einer Direktnachricht kann angezeigt werden, sofern TikTok tatsächlich zu den Hauptkommunikationswegen Ihres Kindes gehören soll. Im Zweifelsfall bedeuten all diese Mitteilungen aber nur zusätzliche Anreize, sich mit der Plattform zu beschäftigen, weshalb sie vermutlich auch deaktiviert sein können. Tippen Sie dazu den entsprechenden Button an, bis er ausgegraut ist und der Regler links steht.

Unerwünschte Inhalte vermeiden

Abgesehen von den Möglichkeiten, die Ihnen die Betriebssysteme
bieten und die im letzten Kapitel beschrieben werden, bietet TikTok
eigene Einstellungen. Außerdem gehen wir in diesem Abschnitt
auf das Thema Livestreams ein, das für einen sicheren Umgang be-
deutender ist, als es vielen zunächst scheinen mag.

Eingeschränkter Modus: Ein

Durch das Aktivieren des Eingeschränkten
Modus kann das Erscheinen von Inhalten,
möglicherweise für ein bestimmtes Publiku
nicht angemessen sind, begrenzt werden.
arbeiten stets daran, diese Funktion zu
verbessern, aber wenn du im Eingeschränk
Modus trotzdem ein unangemessenes Vid
findest, kannst du es uns melden.

Dein Passcode wurde festgelegt.

Eingeschränkten Modus deaktivieren

Passcode ändern

Eingeschränkter Modus

Da sich TikTok ganz offensichtlich bevorzugt an Teenager und Minderjährige richtet, gibt es eine eigene
Funktion, mit der „Inhalte, die möglicherweise für ein
bestimmtes Publikum nicht angemessen sind, begrenzt werden". Welche Inhalte das genau sind, wird
nicht verraten, und die Betreiber räumen auch ein, dass
dennoch unangemessene Videos angezeigt werden
können.

Sie finden in den *Einstellungen* die Option *Eingeschränkter Modus* etwa in der Mitte beim Menüpunkt

Digital Wellbeing, wo auch die Bildschirmzeit eingestellt werden kann. Ist der Modus eingeschaltet, verschwindet die sonst übliche Aufteilung der Videos in „Für dich" (Vorschläge) und „Folge ich" (Abos), und es wird nur noch ein einziger gefilterter Stream angezeigt.

→ **Was bringt der „Eingeschränkte Modus" wirklich?**
Auch der „Eingeschränkte Modus" wird nicht verhindern, dass Ihr Kind vielleicht daran glaubt, dass nur schöne Menschen im Leben Erfolg haben oder dass es witzig ist, wenn andere Leute stolpern und eine Treppe herunterfallen. Auch sexuelle Anspielungen und Ausdrücke waren bei einem Selbsttest im „eingeschränkten" Modus noch uneingeschränkt vorhanden.

Am besten verbringen Sie mal selbst ein bis zwei Stunden auf Tik-Tok. Dort gibt es viel harmlosen Blödsinn und nette Zerstreuung, gelegentlich auch wirkliche Information. Aber eben auch jede Menge Inhalte, die – zumindest für unter 13-Jährige – kaum empfehlenswert sind.

TikTok-Livestreams

Wenn Sie TikTok einmal ausprobieren, sollten Sie auch einen Blick auf die Livestreams werfen. Sie erreichen diese, wenn Sie in der unteren Menüleiste auf *Posteingang* tippen und dann ganz oben die entsprechende Fläche *Jetzt LIVE: TikTok-Live-streams* auswählen. Nun können Sie durch Live-Aufnahmen scrollen, in denen sich TikToker auf der ganzen Welt bei jeder erdenklichen (!) Betätigung filmen und online präsentieren. Vor allem

Mädchen schminken sich hier vor der Kamera, machen sich die Haare, ziehen sich an. Die Zuschauer können dabei über die Kommentarfunktion schriftlich interagieren und die TikToker reagieren entsprechend darauf. Unter dem Kanalnamen sehen Sie, wie viele andere Nutzer gerade ebenfalls den Livestream betrachten. Wenn

Sie genug haben, wischen Sie einfach nach oben und der nächste Livestream wird angezeigt.

Abgesehen davon, dass die Livestreams zum Geldausgeben einladen – die dafür nötigen Münzen werden auf S. 75 beschrieben –, stellen sie natürlich eine ganz besonders kritisch zu betrachtende Form von „Reality TV" dar. Während in einem YouTube- oder Instagram-Video die Inhalte produziert und sorgfältig geprüft werden können, wird hier einfach „von der Leber weg" gesprochen und geantwortet. Was gesagt ist, bleibt gesagt, auch wenn es der eigene Nachname, die Straße, in der man wohnt, oder die Telefonnummer ist.

Entsprechend müssen TikToker und TikTokerinnen mit Fragen rechnen wie „Wohnst du alleine?", „Hast du einen Freund?". Verbunden mit der Möglichkeit von Geldgeschenken bieten die Livestreams Raum für fragwürdige Geschäftsmodelle. Mancher Teenager kann hier sein Taschengeld aufbessern. Die Frage ist nur, ob Sie das dafür gebotene Entertainment gutheißen.

→ **Wer darf livestreamen?**

In der „Virtuelle Gegenstände Policy", die unter „Einstellungen" und „Impressum" versteckt ist, wird dargestellt, dass nur „ausgewählte Nutzer, die 16 Jahre oder älter sind" unter gewissen Voraussetzungen livestreamen dürfen. Sie müssen dafür zum Beispiel eine bestimmte Anzahl an Followern und Likes haben und brauchen als Minderjährige das Einverständnis der Eltern.

Offenbar werden die Streams tatsächlich mitgehört und Verstöße gegen die Community-Richtlinien geahndet. Jedenfalls ist das Netz voll von Beschwerden von Nutzern, deren Livestream abgebrochen wurde und bei denen die Funktion danach gesperrt wurde. Gründe werden dafür nicht genannt, aber vom Eindruck eines zu geringen Alters über die Verwendung von Kraftausdrücken oder unangemessenen Kommentaren im Chat bis hin zum Nennen der eigenen Adresse gibt es einige mögliche Anlässe für die Plattform, die Übertragung aus Jugendschutzgründen zu beenden.

Werbeanzeigen verringern

Auf TikTok lassen sich unter *Einstellungen*, *Datenschutz*, *Personalisierung und Daten* einige Parameter zu Werbeanzeigen bestimmen, die zwar Werbung nicht verhindern, aber deren Inhalte beeinflussen können.

Gleich mit dem obersten Button *Personalisierte Werbung* entscheiden Sie, ob Ihr Kind Anzeigen sieht, welche auf seine Interessen zugeschnitten sind. Während sich diese Einstellung nur auf „TikTok und seine Partner" bezieht, wird mit dem darunterliegenden Button die Personalisierung auf *Anzeigen basierend auf von Partnern erhaltenen Daten* ausgeweitet. Im Klartext: Hier können auch Informationen in das Nutzerprofil Ihres Kindes einfließen, die durch Surfen auf Seiten außerhalb von TikTok – zum Beispiel Online-Modehandel oder Parfümerien – entstanden sind.

Wenn Sie wissen wollen, welches Nutzerprofil aktuell für Ihr Kind hinterlegt ist, können Sie auf *Deine Anzeigeinteressen* klicken. Die dort aufgeführte Liste spiegelt das Surf- und Kaufverhalten Ihres Kindes wider und ist die Grundlage für ihm angezeigte Werbung. Sie können nun diese Interessen einzeln deaktivieren, indem Sie auf den roten Haken hinter dem jeweiligen Eintrag klicken. Dann sollte nach einer gewissen Zeit zumindest weniger Werbung der entsprechenden Thematik angezeigt werden.

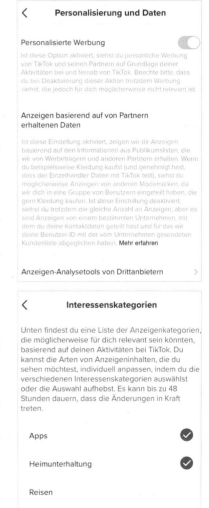

→ **Sich personalisierte Werbung zunutze machen**

Falls Sie die personalisierte Werbung ausschalten, wird Ihrem Kind weiterhin Werbung angezeigt, die jedoch nicht mehr an seine Interessen angepasst ist. Anders gesagt, wenn Sie nicht wollen, dass der 15-Jährige Werbung für Videospiele sieht, ist es möglicherweise sinnvoller, die personalisierte Werbung einzuschalten. Dann können Sie die entsprechenden Clips so lange blockieren, bis die Plattform begriffen hat, dass hier kein Interesse besteht.

Besonderheit: Begleiteter Modus

So bleibt TikTok familienfreundlich

Mit dem Begleiteten Modus können Sie die TikTok-Einstellungen Ihres Teenagers individuell anpassen, um eine sicherere Erfahrung zu ermöglichen.

🕐 Festlegen, wie lange Ihr Teenager Videos anschauen darf

▽ Inhalte einschränken, die für Ihren Teenager nicht angemessen sind

⚙ Einstellungen zu Privatsphäre und Sicherheit für Ihren Teenager verwalten

🔒 Wählen Sie aus, ob Ihr Teenager ein privates oder öffentliches Konto haben darf

Eine Besonderheit von TikTok, die auf eine relativ hohe Sensibilität der App im Bereich des Kinder- und Jugendschutzes hinweist, ist der sogenannte „Begleitete Modus". Hierbei können Sie Ihre eigene TikTok-App mit der Ihres Kindes verbinden und diese dann umfassend konfigurieren und fernsteuern.

Natürlich können Sie alle Einstellungen auch wie zuvor beschrieben direkt in der App des Kindes vornehmen. Dann kann es aber möglicherweise selbst Änderungen durchführen, die beim Begleiteten Modus ausgeschlossen werden, zum Beispiel kann sich die eingeschränkte Bildschirmzeit nach Ablauf durch Eingabe des Zahlencodes wieder selbst aktivieren.

Begleiteter Modus in Ihrem Konto aktivieren

Wenn Sie den Begleiteten Modus aktivieren möchten, gehen Sie wie folgt vor:

1 Tippen Sie in Ihrer eigenen TikTok-App auf *Profil* rechts unten und rufen Sie dann über die drei Punkte rechts oben die *Einstellungen* auf.

2 Unter der Überschrift *Inhalt & Aktivität* finden Sie den Menüpunkt *Begleiteter Modus*. Klicken Sie darauf und dann auf *Weiter*.

3 Damit Sie die App Ihres Kindes „fernsteuern" können, müssen Sie im nun angezeigten Dialog natürlich *Elternteil* als Nutzer angeben.

Ihr Konto mit dem Ihres Kindes verbinden

Jetzt müssen Sie das Konto Ihres Kindes verbinden:

1 Öffnen Sie auf dem Smartphone Ihres Kindes dessen TikTok-App und gehen Sie dort ebenfalls zu *Einstellungen*, *Begleiteter Modus*.

2 Wählen Sie hier die Rolle *Teenager* aus.

3 Scannen Sie nun den auf Ihrem Smartphone angezeigten QR-Code, um die Konten mit der richtigen Eltern-Kind-Beziehung zu verbinden.

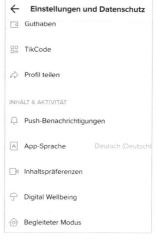

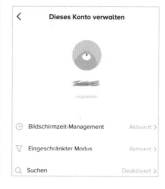

Nun können Sie das TikTok-Konto Ihres Kindes über Ihr eigenes Smartphone verwalten. Auf dieselbe Weise können Sie weitere Kinder zum Begleiteten Modus hinzufügen.

Bildschirmzeit (Begleiteter Modus)

Bildschirmzeit-Management: An

Zeitlimit: 40 Minuten

Wenn das Zeitlimit erreicht wird, muss ein Passcode eingegeben werden, damit TikTok weiterhin benutzt werden kann

Wenn das Bildschirmzeit-Management an ist, kann ein verbundenes Konto sich nicht abmelden oder bei einem anderen Konto anmelden

Die erste Einstellung betrifft das oben bereits ausführlich dargestellte Bildschirmzeit-Management. Im Unterschied zur Zeitbeschränkung auf dem Smartphone Ihres Kindes kann die Sperre nur durch Eingabe eines Passcodes aufgehoben werden, der Ihnen bereitgestellt wird, wenn Sie ganz unten auf der Seite auf *Passcode erhalten* tippen. Dieser Passcode wird immer neu generiert und Sie können ihn dann am Telefon oder per Messenger an Ihr Kind weiterleiten.

Eingeschränkter Modus (Begleiteter Modus)

Die zweite Einstellung betrifft den Eingeschränkten Modus, den Sie hier für Ihr Kind definieren können. Ist er eingeschaltet, kann Ihr Kind sich auch mit keinem anderen TikTok-Konto auf seinem Smartphone anmelden, um die Sperre zu umgehen.

Suchen verhindern (Begleiteter Modus)

Mit der Einstellung *Suchen* entscheiden Sie, ob Ihr Kind neue Inhalte auf TikTok suchen kann. Ist das Häkchen hier auf *Aus*, kann es nur seine eigenen Abos und die vorgeschlagene Auswahl „Für dich" betrachten, aber nicht gezielt nach Stichwörtern oder Hashtags forschen. Wenn Ihr Kind also Ihrer Meinung nach zu viel Zeit auf TikTok verbringt, könnte sich hier ein Haken an der richtigen Stelle lohnen.

Privatsphäre (Begleiteter Modus)

Zuletzt lassen sich im Begleiteten Modus die wichtigsten Einstellungen zur Privatsphäre fernsteuern. So können Sie

▶ das Profil Ihres Kindes auf *Privates Konto* umstellen,

▶ verhindern, dass *Anderen das Konto des Teenagers vorgeschlagen* wird,

▶ und bestimmen, *Wer dem Teenager Direktnachrichten senden kann*.

▶ Auch *Wer die Videos sehen kann, die dem Teenager gefallen*,

▶ oder *Wer die Videos des Teenagers kommentieren kann*, können Sie in diesem Menü einstellen.

Wenn Sie hierzu weitere Informationen benötigen, finden Sie diese weiter oben unter „Schutz der Privatsphäre und vor unerwünschten Kontakten" (S. 115) und „Unerwünschte Resonanz und Mobbing vermeiden" (S. 117).

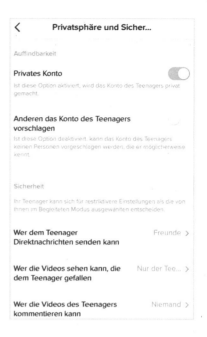

Snapchat

Ähnlich wie TikTok ist auch Snapchat eine Plattform der ganz jungen Generation: Von ca. zehn Millionen täglichen Snapchat-Nutzern in Deutschland waren 2020 laut futurebiz 72 Prozent unter 24 Jahre alt und ca. 25 Prozent zwischen 13 und 17. Den jungen Nutzern der App geht es vor allem um Kommunikation. Damit diese Kommunikation sicher bleibt, lernen Sie in diesem Kapitel Einstellungsmöglichkeiten von Snapchat kennen.

Momentaufnahmen, die wieder verschwinden

Der Grundgedanke von Snapchat ist, Fotos zu versenden, die nur wenige Sekunden lang sichtbar sind und sich dann selbst „zerstören". In einer Zeit, in der die permanente Verfügbarkeit von Inhalten ihren Siegeszug antritt, auf den Zauber der Vergänglichkeit zu setzen, mutet schon beinahe philosophisch an. Tatsächlich macht das Teilen von Momentaufnahmen bis heute die Faszination der Plattform aus.

Wo bin ich und was mache ich gerade? Diese Information wird geteilt und, wie der Name schon sagt, als Anlass für eine Plauderei (engl. „Chat") mit der Bezugsgruppe genutzt. Prägendes Merkmal der Plattform ist daher die „Story"-Funktion, mit der kurze Videos die Community live über das informieren, was der Snapper – so nennt man die Nutzer der App – gerade tut.

→ Spaß mit Filtern, Lenses und Bitmojis

Neben der Nutzung der Kommunikationsplattform sind die Snapper berechtigt, kostenlos die bereitgestellten Face-Filter, Lenses und vor allem Bitmojis zu nutzen. Ein Bitmoji ist ein Avatar des Nutzers, den dieser selbst gestalten kann. In diesen Produkten stecken der Spaßfaktor und das kreative Potenzial der App.

Ein Bitmoji erstellen

Wenn Sie einen Eindruck von der App gewinnen und ihre kreativen Möglichkeiten selbst erkunden möchten, dann erstellen Sie doch einfach ein Bitmoji Ihrer selbst:

1 Klicken Sie auf das Profilbild oben links, um auf die Einstellungsseite zu gelangen.

2 Scrollen Sie nach unten zum Punkt *Bitmoji* und klicken Sie auf *Meinen Avatar erstellen*.

3 Ab hier sind die Funktionen selbsterklärend. Die App macht Ihnen verschiedene Vorschläge zur Gestaltung Ihres Bitmoji, aus denen Sie wählen können. Diese basieren auf dem Bild Ihres Gesichts, das die Handykamera aufnimmt.

Probieren Sie ruhig ein bisschen aus, wie viel Spaß es macht, wenn Ihr virtuelles Abbild sofort in zahlreichen witzigen Variationen oder sogar in kleinen Cartoon-Storys verfügbar ist. Es ergeben sich zahlreiche Möglichkeiten, seine Zeit mit Zerstreuung und Spaß zu verbringen. Man muss es vielleicht einmal selbst erlebt haben – auch um das Suchtpotenzial wirklich zu erfassen.

Blick ins Kleingedruckte

Mit der Nutzung von Snapchat stimmen Sie unter anderem den Nutzungsbedingungen, Datenschutzbestimmungen, Community-Richtlinien und Bitmoji-Markenrichtlinien zu.

Nutzungsbedingungen

Die Nutzungsbedingungen sind zwar relativ verständlich formuliert und waren zum Zeitpunkt, als dies geschrieben wurde, auch auf Deutsch vorhanden. Wer sie jedoch überhaupt erst einmal finden will, braucht schon einen mittleren Universitätsabschluss:

▶ Tippen Sie links oben auf das Profilbild und dann in der sich öffnenden Kanalübersicht rechts oben auf das Zahnrad.

▶ Hier sind alle Einstellungsmöglichkeiten der App aufgelistet, und etwas weiter unten bei *Mehr Infos* finden Sie das Stichwort *Servicebestimmungen*.

▶ Wenn Sie auf *Servicebestimmungen* getippt haben, müssen Sie erst noch in den obersten Zeilen des Textes auf den zweiten Link klicken, der Sie zu den Servicebestimmungen der Snap Group Limited führt, die außerhalb der USA gelten.

▶ Jetzt erst haben Sie wirklich die für Sie zutreffende Version der Nutzungsbedingungen vor Augen.

Grundlegend ist auch bei Snapchat, dass Nutzer mindestens 13 Jahre alt und in der Lage sein müssen, einen rechtlich bindenden Vertrag zu schließen – im Klartext heißt das: volljährig oder mit Einverständnis der Eltern. Für einige Funktionen kann dabei sogar ein höheres Alter notwendig sein.

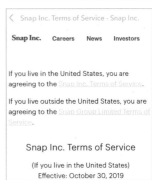

Nutzer der Plattform müssen sich außerdem an Gesetze halten und dürfen keine verurteilten Sexualstraftäter sein.

Bitmoji-Markenrichtlinien

Für Bitmojis gelten die Bitmoji-Markenrichtlinien. Diese finden Sie, wenn Sie innerhalb der *Snap Group Limited Terms of Service* nach unten scrollen und unter Punkt 6 auf den Link *Bitmoji Brand Guidelines* klicken. Diese Markenrichtlinien besagen im Wesentlichen, dass Sie diese digitalen Abwandlungen Ihrer selbst nicht im Kontext mit professionellen Tätigkeiten nutzen dürfen, sondern nur privat.

Als Gegenleistung für den Spaß räumen die Nutzer der Snap Group Ltd. sämtliche weltweiten und unbeschränkten Rechte an den hochgeladenen Bildern und Videos ein und ebenso die „uneingeschränkte, weltweite, zeitlich unbegrenzte Lizenz, deinen Namen, dein Bild und deine Stimme zu nutzen, und zwar auch in Verbindung mit gewerblichen oder gesponserten Inhalten". Sage keiner, er habe es nicht gewusst ...

Community-Richtlinien

In den Community-Richtlinien (Fassung vom September 2020) ist wie in allen Apps geregelt, welche Inhalte auf der Plattform nichts zu suchen haben: sexuell freizügige Inhalte, Belästigung und Mobbing, Bedrohungen, Gewalt und Zufügung von Schäden, Imitation, Täuschung und Falschinformationen, illegale Inhalte, Terrorismus, Hassbotschaften. Für Verstöße dagegen gibt es auch hier eine Meldefunktion bei jedem Beitrag oder Snapchat-Profil, die weiter unten erläutert wird.

Datenschutzbestimmungen

In den Datenschutzbestimmungen (Fassung vom September 2020) wird ausführlich aufgelistet, welche persönlichen Daten von Snapchat gesammelt werden – auch bei dieser App sind das eine ganze

Menge. Diese Daten werden natürlich auch genutzt und an Partner-
unternehmen oder andere Nutzer weitergegeben. Auf andere Weise
lässt sich eine so mächtige Kommunikationsplattform zugegebe-
nermaßen auch gar nicht betreiben.

Schutz der Privatsphäre und vor unerwünschten Kontakten

Die eingangs beschriebene Besonderheit der Snapchat-Kommuni-
kation bringt es mit sich, dass die Nutzer möglicherweise denken,
ihre versandten Bilder, Videos und Nachrichten wären nur für kurze Zeit sichtbar. Zwar kann man die Posts offiziell tatsächlich nur
zweimal betrachten, es gibt aber aufwendigere und auch ganz einfache Methoden, das zu umgehen:

→ **Wie „Snaps" doch erhalten bleiben**

Wenn Sie eine Nachricht oder ein Bild als Screenshot sichern,
wird der Absender darüber informiert. Wenn Sie einfach ein anderes Smartphone zum Abfotografieren nutzen, nicht. Außerdem gibt es technische Möglichkeiten, „Snaps" für immer verfügbar zu halten. Denn sie sind nach dem Betrachten lediglich
unsichtbar und in verschlüsselter Form weiterhin existent.

Durch die oben dargestellten Spaßfaktoren und ein Belohnungssystem (siehe S. 47 und S. 144) wird die möglichst intensive und
vielleicht auch unbedachte Nutzung eher noch angeheizt. So kin-
derfreundlich und spaßbetont die App daherkommt, es lohnt sich
wirklich, das Gefahrenpotenzial von Snapchat mit Ihrem Kind ein-

mal zu besprechen und bestimmte Einstellungen zu seinem Schutz vorzunehmen.

Geburtstagsparty

Nachdem Sie über das Profilbild links oben und dann das Zahnrad rechts oben die *Einstellungen* aufgerufen haben, sehen Sie alle beeinflussbaren Parameter der App aufgelistet. Gleich unter Namen

und Nutzernamen wird das Geburtsdatum angezeigt, das ja zur Einhaltung des Mindestalters abgefragt werden muss. Wenn Sie darauf tippen, finden Sie einen Button *Geburtstagsparty*, der standardmäßig aktiviert ist. Am Geburtstag Ihres Kindes wird demzufolge hinter seinem Profilnamen das Symbol einer Geburtstagstorte angezeigt. Was nichts anderes bedeutet, als dass zwar nicht das Alter, aber doch der Geburtstag Ihres Kindes öffentlich wird. Wenn Sie das nicht wollen, tippen Sie den Button an, bis er ausgegraut ist und der Regler auf der linken Seite steht.

> ## Tipp
>
> **Auffindbarkeit über Handynummer und E-Mail-Adresse:** Unter dem „Geburtstag" finden Sie die Einträge „Handynummer" und „Email". Wenn Sie darauf tippen, haben Sie nicht nur die Möglichkeit, diese einzugeben und zu ändern, sondern können auch einstellen, ob Sie „Anderen erlauben, mich über meine Handynummer/Email-Adresse zu finden". Die Plattform stellt also anderen diese persönlichen Daten zumindest für eine Suche öffentlich zur Verfügung. Wenn Sie das nicht möchten, können Sie das an dieser Stelle unterbinden.

Zugriffe auf Smartphone-Funktionen

In den *Einstellungen* findet sich bei Apple-Geräten nach kurzem Abwärtsscrollen ein unscheinbarer Eintrag *Einstellen* und dahinter der Menüpunkt *Zugriffe*. Wenn Sie diesen aufrufen, haben Sie eine Übersicht, auf welche Dienste und Funktionen Ihres Smartphones die App zugreift. Überall, wo rechts *Tippe zum Aktivieren* steht, hat Snapchat noch keinen Zugriff.

Bei Android-Handys finden Sie diesen Punkt ebenfalls in den *Einstellungen*. Hier müssen Sie nach unten scrollen, bis Sie unter der Überschrift *Datenschutz* den Unterpunkt *Berechtigungen* finden, und dann darauf klicken.

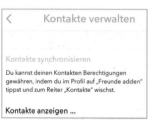

Die *Kamera* und die *Fotos* sind für die Nutzung der App vermutlich vonnöten, das *Mikrofon* ebenfalls, sofern auch Sprachnachrichten oder Videos mit Ton verwendet werden. Was es mit dem *Standort* auf sich hat, erfahren Sie auf S. 141.

Wenn Sie nicht das private Netzwerk Ihres Kindes online verewigt haben möchten, sollten wenigstens die *Kontakte* nicht mit der App verbunden sein. Wie man das beeinflusst, erfahren Sie im nächsten Abschnitt.

Zugriff auf Kontakte einschränken

Bei Apple-Geräten kann unterhalb des vorher beschriebenen Menüpunkts *Zugriffe* eingestellt werden, ob die App die *Kontakte* Ihres Kindes synchronisieren darf oder nicht:

1 Wenn Sie auf *Kontakte anzeigen ...* tippen, wird Ihnen eine Liste von Kontakten angezeigt, falls bereits welche hochgeladen wurden.

2 Durch Tippen auf *Alle Kontaktinformationen löschen* können Sie alle eigenen Kontakte wieder aus der Vorschlagsliste entfernen.

Bei Android finden Sie diese Funktion in den *Einstellungen* unter der Überschrift *Datenschutz*. Dort müssen Sie auf *Kontakte synchronisieren* klicken, um die entsprechenden Einstellungen vorzunehmen.

Wenn es darum geht, an die Kontakte der Nutzer heranzukommen, ist Snapchat aber hartnäckig: An verschiedenen Stellen fordert die App dazu auf, die eigenen Kontakte zu synchronisieren. Deshalb sollten Sie im Betriebssystem diese Möglichkeit ausgeschlossen haben, falls Sie das nicht wollen (siehe S. 170 für iOS bzw. S. 184 für Android).

Unerwünschte Resonanz und Mobbing vermeiden

Einen privaten Modus wie bei anderen Apps, mit dem Ihr Kind quasi unsichtbar wird, gibt es in Snapchat nicht. Sie können lediglich einzeln einschränken, wer Ihr Kind kontaktieren und seine Beiträge betrachten darf.

Privatsphäre schützen

Gehen Sie hierfür über das Profilbild links oben und das Zahnrad rechts oben in die *Einstellungen*. Unter der Überschrift *WER DARF...* (Apple) bzw. *WER KANN...* (Android) können Sie nun bestimmen, ob alle Nutzer oder nur Freunde Ihr Kind kontaktieren dürfen. Auch zur Frage, wer die Storys betrachten darf, kann hier zwischen *Jeder*, *Meine Freunde* und *Benutzerdefiniert* (einer Auswahl aus den befreundeten Profilen) gewählt werden.

Ob das Profil Ihres Kindes anderen Nutzern vorgeschlagen wird, bestimmen Sie unter dem Eintrag *Mich unter Vorschläge finden*. Sie kennen das von beruflichen Plattformen wie XING oder LinkedIn: Man bekommt angezeigt, wen man über ein, zwei oder drei Ecken kennen könnte. Für die rasche Erweiterung des Netzwerks ist das eine prima Sache. Für Kontrolle oder Beschränkung der Kontakte eher nicht.

Mein Standort

Eine Einstellung, deren Bedeutung vielen Nutzern und Eltern gar nicht bewusst ist, betrifft die Sichtbarkeit des Standorts. Ja, Sie haben richtig gelesen:

→ **Der Standort der Nutzer ist sichtbar**

Snapchat-Nutzer wissen voneinander, wo sie sich gerade aufhalten. Sie können sich auf diese Weise treffen oder in einer fremden Stadt einfach mal schauen, ob zufällig jemand herumläuft, den man von der Plattform kennt. Natürlich können Sie diese Funktion auch selbst nutzen, um Ihr Kind zu überwachen und seinen Standort permanent abzurufen. Wenn Ihnen das zu übergriffig ist, sollten Sie überlegen, ob Sie es dann für die Freunde Ihres Kindes nicht auch verhindern sollten.

Um den Standort zu verbergen, gehen Sie auf den Menüeintrag *Meinen Standort anzeigen* in den Einstellungen und wählen den *Geistmodus*. Diesen können Sie entweder auf einen bestimmten Zeitraum begrenzen oder ihn *Bis zum Ausschalten* – also dauerhaft – aktiviert lassen. Ihr Kind kann dann zwar immer noch den Standort anderer Nutzer sehen, die das freigegeben haben, selbst ist es aber unsichtbar.

Um den Standort für einen bestimmten Kreis zu teilen, haben Sie bei ausgeschaltetem Geistmodus drei Möglichkeiten: Entweder alle Freunde, alle Freunde mit Ausnahme von bestimmten oder eine definierte Auswahl von Freunden können den Standort Ihres Kindes sehen. So könnten Sie beispielsweise unter *Nur diese Freunde* alle Mitglieder der Familie auswählen. Diese wissen dann immer, wo sich jedes Familienmitglied gerade aufhält.

Melden, Blockieren, Entfernen

Nutzer, die aus irgendeinem Grund keinen Kontakt mehr zu Ihrem Kind haben sollten, können Sie wie in allen Apps melden, blockieren oder entfernen. Dazu

Standortanfragen verhindern: Wenn Sie bei der Standortfreigabe insgesamt nicht so freizügig sind, ist es sinnvoll, Standortanfragen von Freunden gar nicht erst zuzulassen. Tippen Sie hierfür auf den entsprechenden Button unter den Standort-Einstellungen, bis er ausgegraut und der Regler links zu sehen ist bzw. bei Android-Handys kein blauer Haken mehr im Feld ist.

tippen Sie in einer beliebigen Nachricht oder Story auf das Profilbild oder den Nutzernamen links oben und dann auf die drei Punkte in der rechten oberen Ecke. Nun können Sie den *Freund entfernen* (bzw. zunächst adden, wenn er noch kein Freund sein sollte), *Blockieren* oder *Melden*.

Um die Freunde-Kartei zeitsparend auszumisten, gehen Sie durch Tippen auf das Profilbild links oben auf die eigene Profilansicht und wählen unter der Überschrift *Freunde* den Eintrag *Meine Freunde*. In der alphabetischen Liste können Sie nun durch Gedrückthalten eines beliebigen Namens die Auswahl *Blockieren / Freund entfernen* aufrufen. Android-Nutzer müssen in der angebotenen Auswahl zunächst auf den Eintrag *Mehr* tippen, um die Einstellung vornehmen zu können.

2-Faktoren-Bestätigung

Die Gefahr einer unbefugten Profilübernahme haben wir auf S. 121 bei TikTok ausführlicher besprochen. Um dies zu erschweren, aktivieren Sie am besten die 2-Faktoren-Bestätigung. Sie finden diese in den *Einstellungen* direkt zu Beginn bei den Optionen unter *Mein*

Melden

Blockieren

Freund entfernen

Namen ändern

Konversation markieren   NEU

Konversation löschen

Chat löschen ...   Direkt nach dem Anschauen

Über Nachrichten benachrichtigen   Alle Nachr...

Spiele- und Mini-Benachrichtigungen

So funktioniert die 2-Faktoren-Bestätigung

Du musst beim Einloggen nach deinem Passwort noch einen zusätzlichen Login-Code eingeben.

Dein Login-Code wird dir per SMS zugeschickt (Kosten können anfallen) oder kann in einer App generiert werden.

Sobald du deinen Login-Code eingegeben hast, wissen wir, dass das wirklich du bist!

WEITER

Account. Ist sie aktiviert, muss man beim Einloggen zusätzlich zum Passwort einen Login-Code eingeben, der per SMS zugeschickt oder in einer Authentifikations-App bereitgestellt werden kann. Der Nachteil: Ist der Code aus irgendeinem Grund, zum Beispiel durch Verlust des Smartphones oder bei Ausfall der Datenverbindung, nicht verfügbar, kann das Snapchat-Konto nicht aktiviert werden!

Einstellungen zum Zeitmanagement

So groß das Spaß- und Suchtpotenzial der App auch ist, so gering sind leider die Möglichkeiten, die sie bietet, um eine übermäßige Beschäftigung damit einzudämmen. Im Gegenteil: Die App animiert bei jeder Gelegenheit zur Nutzung und fördert intensive Kontaktpflege. So gibt es für sechs unterschiedliche Freundschaftsstufen unterschiedliche Emojis.

→ Wie Snapchat zur Nutzung animiert

Mit zwei rosa Herzen wird etwa der „Beste Freund aller Zeiten" markiert, wenn man zwei Monate hinweg beiderseitig der „Allerbeste Freund" war. Es gibt Flammen, die anzeigen, an wie vielen Tagen man mindestens einmal hin- und hergesnappt hat. „Wenn du UND dein Freund innerhalb von 24 Stunden nicht mehr snappen, wirst du die Flamme verlieren!", warnt die App.

Ein smartphonefreier Tag ist so natürlich quasi unmöglich. Gegen diese Strategie der App können Sie nichts tun, aber zumindest können Sie durch die Einstellungen verhindern, dass Ihr Kind ständig von der App Benachrichtigungen erhält.

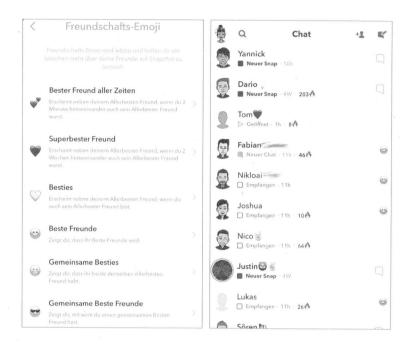

Benachrichtigungen

Über *Einstellungen* und *Benachrichtigungen* können Sie Push-Nachrichten von Snapchat zulassen oder verhindern, sofern diese nicht ohnehin im Betriebssystem komplett unterdrückt worden sind (S. 170 und S. 183). Die Optionen sind dabei weitgehend selbsterklärend, Besonderheiten sind bei Snapchat die Möglichkeiten, „Besten Freunden" einen bestimmten Klingelton zuzuweisen, und Erinnerungen an Geburtstage oder ungeöffnete Nachrichten zu erhalten.

Story stummschalten

In jedem Profil anderer Nutzer können Sie über die drei Punkte rechts oben verschiedene Einstellungen vornehmen und unter anderem auch die Story stumm-schalten. Dann bleibt Ihr Kind zwar weiterhin mit diesen Nutzern verbunden, bekommt aber nicht mehr jede Lebensregung mit, die diese durch ihre Posts in die Welt setzen.

Unerwünschte Inhalte vermeiden

Snapchat sieht auf den ersten Blick aus wie eine lustige Messenger-App mit kreativen Möglichkeiten. Durch die Storys und das Ange-bot, Inhalte von anderen zu entdecken, die man nicht abonniert hat, birgt die Plattform aber durchaus ein Gefahrenpotenzial. Viel-leicht ist es nicht zwingend dramatisch, aber doch vergleichbar mit dem Nachmittagsprogramm schlechter Fernsehsender.
So finden Sie durch Tippen auf das Symbol mit den beiden Körpern unten halbrechts (*Storys*) oder den Play-Button ganz rechts (*Spot-light*) beispielsweise vermeintlich lustige Fails von Menschen, die beim Versuch eines Rückwärtssaltos vom Garagendach auf den Rü-cken krachen. Oder Sie können dort zufällig eine Story betrachten, „Wie diese Omas bei Fortnite abgehen". Oder ein Video vom Kanal „Dumm gefragt" ansehen, in dem Pornostars von ihrer Arbeit be-richten: „Pornostars erzählen. Treibt Fiona Fuchs es mit jedem?" Wenn Ihr Kind diese Videos länger konsumiert, ist das ein wenig so, als würde es auf mehreren TV-Geräten gleichzeitig Verkaufssender und Reality-Shows ansehen.

Diesen Inhalt ausblenden

Immerhin können Sie bei einer Story, die Sie für ungeeignet halten, links auf das Profilbild des Kanals tippen. Dann haben Sie nicht nur die Möglichkeit, ihn zu abonnieren oder weitere Folgen anzusehen, sondern können den Kanal auch melden oder ausblenden. Wenn Sie das mal einen Abend lang machen, hat sich vielleicht die Qualität der „Sender", die Ihr Kind auf Snapchat konsumieren kann, etwas verbessert.

Werbeanzeigen verringern

Auch bei Snapchat kann Werbung nicht komplett abgeschaltet werden. Immerhin können aber auf Android-Geräten unter *Einstellungen* und *Anzeigen* die *Anzeigenpräferenzen* gewählt werden. Bei iOS finden Sie den Bereich unter *Einstellungen*, *Einstellen*.

▶ Ist der Haken bzw. Button bei *Zielgruppenspezifisch* aktiviert, darf die App „Zielgruppeninformationen von Werbekunden und anderen Partnern nutzen, um Anzeigen auf dich zuzuschneiden".

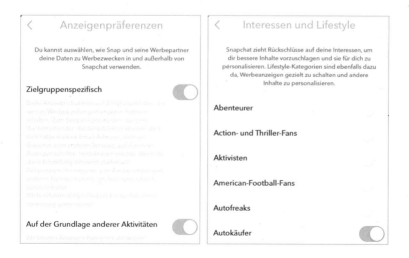

▶ Ebenfalls anklicken kann man, ob man einverstanden ist, dass Werbung *Auf Grundlage anderer Aktivitäten* außerhalb von Snapchat passend ausgesucht wird.

▶ Mit dem dritten Haken bzw. Button genehmigt man *Drittanbieter-Werbenetzwerken,* zum Beispiel Facebook, ihre Werbung in Snapchat anzuzeigen.

Wenigstens die dritte Funktion sollten Sie ausstellen, die anderen beiden sind Geschmackssache: Will man lieber Werbung sehen, die einen interessiert, oder welche, die nicht relevant ist?

Interessen auswählen

Ebenfalls unter *Einstellungen* und *Anzeigen* (bzw. *Einstellen* für iOS) findet sich eine alphabetische Liste von *Interessen und Lifestyle.* Nach diesen Begriffen macht Snapchat dem jeweiligen Nutzer Vorschläge für Inhalte. Wer hier beispielsweise „Autokäufer" oder „Burger-Gourmets" aktiviert, bekommt vermutlich nicht nur die entsprechenden Snaps, sondern auch thematisch passende Werbung präsentiert.

Unerwünschte Kosten vermeiden

Die Gefahr, mit Snapchat Geld auszugeben, ist nicht unbeträchtlich. Die Handhabung ist kompliziert gestaltet und die Reihenfolge der Wisch- und Tippvorgänge verleitet förmlich dazu, Inhalte versehentlich anzutippen. Als ungeübter Nutzer landet man dadurch auch mal auf einer Shoppingseite oder einer Dating-App. Auch andere Eigenschaften der App sind in dieser Hinsicht auffallend:

→ Starke Konsumorientierung

Andere Apps der Firma Snap werden zur Installation und die 3D-Kamerabrille „Spectacles" zum Kauf angeboten. Auch die Tatsache, dass man seinen Bitmoji inzwischen in Marken-Kleidung von Ralph Lauren oder Nike stecken kann – was letztlich eine nicht gekennzeichnete Werbung darstellt –, lässt darauf schließen, dass die Plattform an einer starken Konsumorientierung seiner Nutzer interessiert ist.

Sie sollten in jedem Fall verhindern, dass Käufe ohne Weiteres, zum Beispiel aufgrund bereits gespeicherter Zugangsdaten zu PayPal oder anderen Bezahlsystemen, getätigt werden können. Wie das auf Betriebssystemebene geht, erfahren Sie auf S. 180 für iOS sowie auf S. 187 für Android.

Tipp

Geofilter können teuer werden: Beträchtliche Summen können bei Snapchat für sogenannte Geofilter ausgegeben werden. Dabei wählt man, etwa für eine Geburtstagsparty, einen zum Anlass passenden Filter (zum Beispiel mit Konfettiregen) aus und passt ihn mit seinem Namen oder anderen Eigenschaften an die eigenen Bedürfnisse an. Dann bestimmt man, in welchem geografischen Bereich, zum Beispiel den eigenen Wohnblock, die eigenen Gäste diesen Filter aktivieren können. Die Filter, die eigentlich als ein Angebot für Unternehmen gedacht sind, können bis zu mehrere Hundert Euro kosten. Immerhin sind sie mittlerweile aber nicht mehr in der App erhältlich, sondern nur auf snapchat.com.

Weitere Apps und Plattformen

Die zuvor vorgestellten Plattformen sind bei der jungen Generation im Moment besonders beliebt. Doch Kinder und Jugendliche nutzen noch viele weitere Apps, beispielsweise den auch bei Erwachsenen verbreiteten Messenger-Dienst WhatsApp, die Videoplattform YouTube oder auch Twitter. Zu diesen Apps werden in diesem Kapitel einige wichtige Einstellungsmoglichkeiten erlautert. Am Ende soll auch auf Twitch eingegangen werden, das aus Jugendschutzsicht sehr bedenklich ist.

WhatsApp

WhatsApp, das zum Facebook-Konzern gehört, ist momentan der Messenger-Dienst Nummer eins, nicht nur bei Kindern und Jugendlichen, sondern über alle Generationen hinweg. Generell sind Messenger-Dienste, insbesondere die Funktion des Gruppenchats, zwar nicht ganz risikolos (siehe S. 39), es ist aber durchaus nachvollziehbar, wenn Sie die Nutzung eines Messengers wie WhatsApp erlauben und sogar unterstützen, zumal auch viele Familien auf diesem Wege miteinander kommunizieren. Eventuell gibt es auch bei Ihnen schon eine Familien-WhatsApp-Gruppe, in der sich alle – von den Großeltern bis zum Jüngsten – austauschen und auch Videos und Fotos teilen.

Einstellungen unter „Datenschutz"

Wenn Sie die Nutzung von WhatsApp für Ihr Kind sicherer gestalten wollen, können Sie in seiner App ein paar Einstellungen vornehmen:

1 Tippen Sie entweder auf die drei Punkte oben rechts und dann im Menü auf *Einstellungen* (bei Android) oder tippen Sie unten rechts auf das mit *Einstellungen* beschriftete Zahnrad (bei iOS).

2 Gehen Sie dann zum Menüpunkt *Account*.

3 Wählen Sie hier den Eintrag *Datenschutz*.

Als sicherste Einstellungen in diesem Bereich empfehlen wir folgende:

▶ **Zuletzt online:** *Niemand.* Ist diese Einstellung aktiviert, erfahren andere Nutzer, ob Ihr Kind gerade online, also gesprächsbereit ist bzw. wann es zuletzt online aktiv, zum Beispiel abends noch wach war. Das braucht eigentlich niemand (außer Ihnen) zu wissen.

▶ **Profilbild:** *Meine Kontakte.* Das Bild gibt einen Hinweis auf die Identität Ihres Kindes. Das kann interessant für Nutzer sein, denen anderenfalls nur seine Mobilnummer bekannt ist. Daher sollten besser nur die Kontakte, also Menschen, die Ihr Kind bereits kennen, dieses Bild sehen.

▶ **Info:** *Niemand.* In den Profileinstellungen kann ein Infotext hinzugefügt werden, der zum Beispiel Auskunft darüber gibt, was Ihr Kind gerade macht: „Beschäftigt", „Beim Lernen" oder Ähnliches. Das unter dem Profilnamen für alle anzuzeigen, ist nicht unbedingt nötig.

▶ **Gruppen:** *Meine Kontakte.* Diese Einstellung ist wichtig, damit Ihr Kind nur von seinen Kontakten zu einer Gruppe hinzugefügt werden kann, da Gruppen eine mengenmäßig und inhaltlich schwer kontrollierbare Kommunikation bedeuten.

▶ **Status:** *Teilen nur mit* ... Mit Status bezeichnet WhatsApp eine Funktion, die etwa den Storys von Instagram entspricht. Bilder oder Videos werden hier für 24 Stunden mit Kontakten geteilt, die dann zum Beispiel sehen, wo das Kind gerade ist und was es tut. Über die Einstellung *Teilen nur mit* ... bei Android bzw. *Nur teilen mit* ... bei iOS können Sie diese Kontakte gezielt auswählen. Sie können dann auch einfach niemanden auswählen.

▶ **Live-Standort:** *Keine.* Beim Live-Standort werden recht genaue Aufenthaltsdaten geteilt. Diese Funktion kann sinnvoll sein, wenn man sein Kind zum Beispiel an einem unbekannten Ort abholen will. In diesem Fall muss für eine bestimmte Zeit die Standortfreigabe erteilt werden. Ansonsten empfiehlt es sich aber, diese Funktion zu deaktivieren.

Brauchen Sie die Lesebestätigung wirklich?
Vielleicht finden Sie die Lesebestätigung ganz praktisch, da Sie so sehen können, ob Ihr Kind zum Beispiel gelesen hat, dass es um 18 Uhr Abendessen gibt. Leider können Sie diese Funktion aber nur für alle Kontakte aktivieren oder ganz abschalten. Wenn Sie sie nutzen, erhalten also auch alle anderen Kommunikationspartner Ihres Kindes Lesebestätigungen. Denken Sie daher über andere Wege nach, um sicherzustellen, dass Ihre Nachricht ankommt: Sie können beispielsweise vereinbaren, dass das Kind grundsätzlich für Ihre Anrufe erreichbar sein sollte, und dann bei Bedarf einfach anrufen.

► **Lesebestätigungen:** *deaktiviert.* Wenn den Kommunikationspartnern Ihres Kindes angezeigt wird, dass es ihre Nachricht gelesen hat, erhöht das den Druck einer raschen Antwort. Daher empfiehlt es sich, diese Funktion zu deaktivieren.

Verifizierung in zwei Schritten

Unter *Einstellungen*, *Account* und *Verifizierung in zwei Schritten* können Sie den WhatsApp-Account dagegen absichern, dass sich jemand unberechtigten Zugang zu den Login-Daten verschafft und dann zum Beispiel im Namen Ihres Kindes Nachrichten an seine Freunde verschickt. Ist die Verifizierung aktiviert, muss beim Einloggen zusätzlich eine selbst festgelegte PIN eingegeben werden. Damit das Konto nicht verloren ist, wenn Sie diese PIN einmal vergessen, sollten Sie zur Sicherheit auch Ihre E-Mail-Adresse angeben.

Mitteilungen bzw. Benachrichtigungen

In der iOS-Version von WhatsApp können Sie unter *Einstellungen* und *Mitteilungen* einstellen, bei welchen Ereignissen Ihr Kind benachrichtigt wird. Je weniger hier aktiviert ist, desto besser, da jede Mitteilung die Störung einer potenziell wichtigeren Aufgabe bedeutet. Insbesondere die permanente Geräuschkulisse, wenn ein Ton den Eingang von Nachrichten signalisiert, kann extrem nervig sein.

Sie können Mitteilungen für Nachrichten von Einzelpersonen oder in Gruppenchats und die Ton-Signale ein- und ausstellen und ebenso entscheiden, in welchen Fällen In-App-Mitteilungen auf dem Bildschirm angezeigt werden.

In der Android-Version finden Sie die entsprechenden Einstellungsmöglichkeiten unter *Einstellungen*, *Benachrichtigungen*. Um Ruhe zu haben, deaktivieren Sie dort die Nachrichtentöne oder setzen in den entsprechenden Unterbereichen den Benachrichtigungston auf *Lautlos*, die Vibration auf *Aus* und das Licht auf *Keine*.

Kontakte blockieren, melden oder stummschalten

Wenn Sie in einer Konversation ganz oben auf den Namen des Kontakts tippen, finden Sie alle Informationen in der *Kontaktinfo* zusammengefasst.

Falls eine Person für Mobbing oder unangenehme Korrespondenz verantwortlich ist, können Sie den Kontakt ganz unten auf der Seite blockieren oder melden. Falls man nur bei redseligen Kontakten einfach mal für *8 Stunden*, *1 Woche* oder *Immer* seine Ruhe haben, aber eigentlich die Freundschaft aufrechterhalten will, kann man bei iOS etwas weiter oben unter dem Stichwort

Stumm bzw. bei Android unter *Benachr. stummschalten* die entsprechenden Einstellungen vornehmen.

Ablaufende Nachrichten

Um beispielsweise den Speicherbedarf von WhatsApp zu minimieren und dem auf der Plattform häufigen Small Talk gerecht zu werden, können Nachrichten und Posts seit Kurzem so eingestellt werden, dass sie nach sieben Tagen verschwinden. Um dies für einen Kontakt oder eine Gruppe zu definieren, gehen Sie in der jeweiligen Kontaktinfo auf *Ablaufende Nachrichten* und wählen *Ein*.
Das bedeutet jedoch nicht, dass beim Senden von Bildern oder Texten deshalb weniger Vorsicht geboten wäre. Schon durch einen einfachen Screenshot können die Posts trotz dieser Einstellung für alle Zeiten erhalten bleiben.

YouTube

▶ YouTube

Auch bei Kindern gehört YouTube zu den beliebtesten Plattformen. Doch eigentlich ist die Videoplattform gar nicht dafür geeignet, dass Minderjährige sie ohne Begleitung nutzen.

→ **Nutzung erst ab 16 erlaubt**

Gewalt, Pornografie, Fehlinformation oder Verschwörungstheorien – es gibt auf YouTube unzählige Inhalte, die Ihr Kind verstören, verängstigen oder negativ beeinflussen können. Deshalb müssen YouTube-Nutzer laut den AGB in Deutschland auch mindestens 16 Jahre alt sein und benötigen bis 18 die Erlaubnis ihrer Eltern.

Kinderkonten und YouTube Kids: Über die Family-Link-App von Google können spezielle Kinderkonten angelegt und unter Elternaufsicht verwaltet werden. Außerdem bietet YouTube mit YouTube Kids seit Neuestem eine Möglichkeit, ausschließlich auf Kinder angepassten Content zu betrachten.

Da YouTube zum Google-Konzern gehört, wird die Anmeldung über einen Google-Account vorgenommen und ist deshalb recht kompliziert. Im Folgenden sind die wichtigsten Einstellungen aufgeführt, die Sie in jeder YouTube-App einrichten können und sollten. In die Einstellungen kommen Sie, wenn Sie in der App angemeldet sind und rechts oben auf Ihr Profilbild tippen. Etwas weiter unten finden Sie dann den Eintrag *Einstellungen*, hinter dem sich viele wichtige Optionen verbergen.

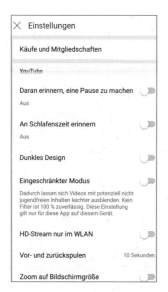

Eingeschränkter Modus

Wenn Sie den eingeschränkten Modus aktivieren, werden Videos mit potenziell jugendgefährdendem Inhalt nicht angezeigt. Eine hundertprozentige Sicherheit haben Sie nicht. Tendenziell werden sexuelle Inhalte nach europäischen Maßstäben wohl eher „überblockiert", wogegen Gewalt, gerade auch die von Algorithmen nicht so einfach zu entdeckende verbale Gewalt, eher durchs Raster rutschen könnte.

Inkognitomodus aktivieren

Wenn Sie auf das Profilbild rechts oben gehen und die Kontoeinstellungen einsehen, können Sie durch Antippen des Eintrags *Inkognitomodus aktivieren* verhindern, dass die Tätigkeiten auf YouTube getrackt und daraus Rückschlüsse auf das Surfverhalten möglich werden. Entsprechend werden die Vorschläge für weitere Videos und die Werbeeinblendungen nicht an die Präferenzen Ihres Kindes angepasst, was gut oder auch schlecht sein kann. Werbefrei wird YouTube dadurch allerdings nicht, dies erreichen Sie nur über die kostenpflichtige Premium-Variante (siehe S. 72). Wenn Ihr Kind im Inkognitomodus unterwegs ist, können Sie übrigens auch selbst anschließend nicht sehen, welche Videos es sich angeschaut hat.

Autoplay ausschalten

In den Einstellungen können Sie auch deaktivieren, dass automatisch immer weiter inhaltlich passende Videos abgespielt werden.

Klicken Sie dazu auf Ihr Profilbild, dann auf *Einstellungen* und suchen Sie den Eintrag *Autoplay*. Ist Autoplay aktiviert, sind Diskussionen um die Beendigung des YouTube-Konsums vorprogrammiert. Tippen Sie auf den Button neben dem Eintrag *Nächstes Video automatisch abspielen*, bis der Regler links bzw. das Feld

leer ist. Jetzt muss – oder besser kann – man sich nach jedem Video entscheiden, ob noch Zeit für ein weiteres ist und wenn ja, für welches.

Daran erinnern, eine Pause zu machen

Ganz oben bei den *Einstellungen* – Android-Nutzer müssen zunächst noch auf den Eintrag *Allgemein* tippen – gibt es die nette, jedoch unverbindliche Möglichkeit, sich nach Ablauf einer bestimmten Zeit daran erinnern zu lassen, dass man jetzt bereits wieder die entsprechende Anzahl an Minuten auf der Plattform verbracht hat. Falls Sie mit Ihrem Kind eine selbstbestimmte Vereinbarung getroffen haben, können Sie hier eine Erinnerung setzen, damit das Zeitgefühl nicht

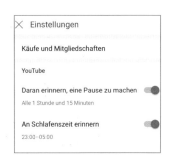

völlig verloren geht. Ein Weiterschauen bleibt dennoch möglich.

An Schlafenszeit erinnern

Direkt darunter können Sie einstellen, ob Ihr Kind an eine voreingestellte Schlafenszeit erinnert werden soll. Auch das ist natürlich
unverbindlich, kann aber helfen, dass sich Ihr Kind rechtzeitig bett-
fertig macht. Allerdings funktioniert das nur, wenn Ihr Kind abends
YouTube-Videos schaut und keine andere App nutzt. Auf S. 183 wird
beschrieben, wie Sie eine ähnliche Funktion für alle Apps auf einem
Android-Handy aktivieren können.

Benachrichtigungen

In den *Einstellungen* finden Sie auch die *Benachrichtigungen*. Hier
können Sie entscheiden, welche Benachrichtigungen YouTube auf
das Smartphone senden darf. Für Kinder, die selbst auf YouTube
als Creators aktiv sind, kann es interessant sein, zu erfahren, ob ihr
Kanal erwähnt wird oder ihre Inhalte auf anderen Accounts geteilt
werden. Wie immer gilt ansonsten: je weniger Nachrichten, desto
besser. (Wenn Sie in iOS die Mitteilungen ausgestellt haben, siehe
S. 170, sehen Sie hier keine weiteren Optionen.)

Twitter

Vor allem politisch interessierte Jugendliche nutzen die Plattform
Twitter, auf der ursprünglich kurze Textnachrichten im Vordergrund standen. Inzwischen versendet man damit auch Links, Fotos,
Videos und Direktnachrichten und teilt sich in Storys mit. Durch
die vielen neu hinzugekommen Möglichkeiten hat Twitter in der
klimainteressierten „Generation Greta" durchaus Potenzial.
Die Plattform taugt nach wie vor als Informationsquelle, birgt jedoch auch das Risiko von Fake News und Verschwörungstheorien.

Die Diskussionskultur beinhaltet eben das komplette Spektrum von Journalismus und Intellektualismus über Stammtisch bis hin zu Hatespeech. Grund genug also, ein paar Einstellungen vorzunehmen, wenn sich jüngere Nutzer Twitter zuwenden wollen.

→ Ab welchem Alter darf man Twitter nutzen?

Grundsätzlich ist die App zwar ab 13 Jahren freigegeben, gleichzeitig aber erst ab „dem Alter, in dem man der Verarbeitung personenbezogener Daten zustimmen kann" – also ab 16 Jahren. Entsprechend sind die Themen auf Twitter breit gefächert und die Plattform bietet kaum Möglichkeiten, sie mit Jugendschutzeinstellungen zu filtern.

Die möglichen Einstellungen, um die Nutzung von Twitter sicherer zu machen, finden Sie, wenn Sie links oben auf die drei Striche tippen und *Einstellungen und Datenschutz* auswählen.

Zwei-Faktor-Authentifizierung

Um zu verhindern, dass jemand anderes im Namen Ihres Kindes Tweets postet, sollten Sie einstellen, dass bei einer Neuanmeldung ein Code eingegeben werden muss. Tippen Sie in den Einstellungen auf *Account* und auf *Sicherheit*, um einzustellen, ob dieser Code abgerufen werden soll und auf welche Weise – per SMS oder Authentifizierungs-App. (Die Anmeldung per Sicherheitsschlüssel ist nicht aktivierbar.) Wenn Sie die Option *Passwort-Zurücksetzungsschutz* aktivieren, können Sie Ihre E-Mail-Adresse oder Telefonnummer hinterlegen, um das Passwort zurücksetzen zu können, falls Sie es vergessen sollten.

Deine Tweets schützen (Privat-Konto)

Die aus anderen Apps als „Privat-Konto" bekannte Einstellung heißt hier *Deine Tweets schützen*. Der Effekt ist vergleichbar: Wenn Sie diesen Modus aktivieren, werden die Tweets Ihres Kindes nur seinen Followern angezeigt und es muss jeden neuen Follower zunächst bestätigen. Sie finden diese Option unter *Einstellungen und Datenschutz* und *Datenschutz und Sicherheit*.

Foto-Markierungen

Direkt darunter können Sie entscheiden, ob das Profil Ihres Kindes auf Fotos „getaggt", also markiert werden kann. Ist die Einstellung aktiviert, können Sie zwischen *Jeder kann dich markieren* und *Nur Personen, denen du folgst, können dich markieren* auswählen. Wenn Ihr Kind nicht auf dem Weg ist, journalistisch erfolgreich zu werden, sollte das Letztgenannte genügen.

Direktnachrichten

Wie Sie es schon aus den anderen Apps kennen, können Sie hier festlegen, wer Ihr Kind per Direktnachricht (auch „DM", englisch ausgesprochen, von „direct message") kontaktieren darf. Allerdings dürfen Follower auf Twitter grundsätzlich immer Nachrichten schicken. Wenn hier zusätzlich der Eintrag *Nachrichtenanfragen von allen erlauben* (iOS) bzw. *Nachrichtenanfragen erhalten* (Android) aktiviert ist, dürfen auch unbekannte Personen Anfragen senden. Um darauf zu antworten, muss Ihr Kind die Anfrage annehmen. Sollten Sie sich dafür entscheiden, dass alle Twitter-Nutzer Ihrem Kind Anfragen senden dürfen, sollte der darunter liegende Button *Nachrichten geringer Qualität ausfiltern* (iOS) bzw. *Qualitätsfilter* (Android) in jedem Fall aktiviert sein, um Belästigung und Spam möglichst zu vermeiden. Die Lesebestätigung sollte dagegen deaktiviert sein, wenn Ihr Kind Twitter nicht als Haupt-Messenger-Plattform nutzt.

Periscope

Twitter beinhaltet inzwischen eine Menge Features, die aus anderen Apps bekannt sind. So verbirgt sich hinter Periscope der Live-Chat oder das Live-Streaming, bei dem man mit der Smartphone-Kamera eine Live-Übertragung vom aktuellen Aufenthaltsort aus starten kann. Da Kinder von einem Livestream tendenziell überfordert sind und Geheimnisse ausplaudern könnten, sollten Sie diese Funktion eher einschränken. Deaktivieren Sie also die Schaltfläche neben dem Eintrag *Mit Periscope verbinden*.

Kontakte beschränken

Unter *Einstellungen und Datenschutz, Datenschutz und Sicherheit* und *Auffindbarkeit und Kontakte* finden Sie die einschlägigen Möglichkeiten, Kontakte zu beschränken. Weder sollten Sie auf dem Smartphone Ihres Kindes die Adressbuchkontakte synchronisieren noch anderen erlauben, es über seine E-Mail-Adresse oder Telefonnummer zu finden.

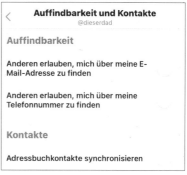

Inhalte verhindern, Nutzer blockieren

Die Möglichkeiten, sich vor unliebsamen Tweets oder Nutzern zu schützen, finden Sie unter *Einstellungen und Datenschutz* und dem etwas unglücklich bezeichneten Eintrag *Mitteilungen*. Dort können Sie zunächst einen *Qualitätsfilter* aktivieren, der vor allem Spam herausfiltert und Nachrichten von Kanälen blockiert, die häufig stummgeschaltet oder gemeldet werden. Der *Erweiterte Filter* ermöglicht es, Mitteilungen von Nutzergruppen stummzuschalten, die nicht völlig vertrauenswürdig sind, also kein individuelles Profilfoto aufwei-

sen (sondern ein sogenanntes „Standard-Portfolio" haben) oder ihre E-Mail-Adresse oder Telefonnummer noch nicht bestätigt haben. Ebenso können alle Mitteilungen von Nutzern blockiert werden, zu denen Ihr Kind keinen bestätigten Kontakt hat, denen es also nicht folgt, die ihm nicht folgen oder beides.

Nützlich ist die Einstellungsmöglichkeit *Stummgeschaltete Wörter*, die Sie finden, wenn Sie bei *Datenschutz und Sicherheit* weiter nach unten scrollen (in iOS müssen Sie zusätzlich auf *Stummgeschaltet* tippen). Hier könnten Sie etwa Begriffe wie „Krieg" oder Namen von Computerspielen hinzufügen, zu denen Ihr Kind keine Posts sehen soll. Dann werden Tweets, die diese Begriffe enthalten, ausgeblendet.

Stummgeschaltet werden können auch Accounts, die dann unter *Stummgeschaltete Accounts* aufgelistet werden. Das Stummschalten ist sinnvoll bei Nutzern, mit denen man zwar in Verbindung bleiben möchte, deren Nachrichten aber irrelevant sind. Eine Liste blockierter Accounts, die nicht in Interaktion mit Ihrem Kind treten dürfen, sehen Sie dagegen unter *Blockierte Accounts*.

Um einen Account einzuschränken, rufen Sie in einem beliebigen Tweet oder Beitrag durch Tippen auf das Profilbild den Kanal auf und gehen dann auf die drei Punkte rechts oben. Nun sehen Sie eine Auswahl, in der Sie den Nutzer *stummschalten*, *blockieren* oder *melden* können.

Push-Mitteilungen

Wenn Ihr Kind möglichst wenig Störung erfahren soll und keine wirklich wichtigen Mitteilungen von Twitter zu erwarten sind, können Sie diese über die Systemeinstellungen deaktivieren. Das funktioniert analog, wie auf S. 170 (iOS) und S. 183 (Android) für Instagram beschrieben.

Standort und Werbeanzeigen

Sofern Sie den Zugriff auf den Standort nicht bereits im Betriebssystem deaktiviert haben (S. 170 bzw. 184), finden Sie die entsprechenden Möglichkeiten unter *Einstellungen und Datenschutz*, *Datenschutz und Sicherheit* und *Genauer Standort*. Etwas darunter finden Sie den Eintrag *Individualisierung und Daten*. Auch hier sollte alles deaktiviert sein, wenn Sie Twitter keine personalisierte Werbung und Tracking erlauben wollen.

Inhaltsvorlieben

Bei *Einstellungen und Datenschutz* gibt es außerdem Optionen für die sogenannten *Inhaltsvorlieben*. Wenn bei *Entdecken-Einstellungen* die Option *Inhalt an deinem derzeitigen Standort anzeigen* aktiviert ist, erfährt Ihr Kind von Ereignissen, die in unmittelbarer Nähe stattfinden. Sie können diese Option aber auch deaktivieren und stattdessen unter *Standorte entdecken* einen Ort auswählen, beispielsweise Ihren Heimatort, wenn Ihr Kind Nachrichten aus dieser Region bevorzugt lesen soll.

Auch Twitter sammelt Daten und schaltet Werbung. Deshalb ist es der Plattform möglich, unter dem Stichwort *Trends für dich* Tweets auszuwählen, die Ihr Kind aufgrund des Standorts und der Nutzer, denen es folgt, interessieren könnten. Sind die Optionen bei den Inhaltsvorlieben aktiviert, müssen Sie also damit rechnen, dass Ihr Kind über die neue Computerspielmesse, die im Nachbarort stattfindet, informiert ist.

> **Entdecken-Einstellungen**
> @dieserdad
>
> **Standort**
>
> **Inhalt an deinem derzeitigen Standort anzeigen**
>
> Wenn das aktiviert ist, erfährst du, was gerade in deiner Nähe passiert.
>
> **Standorte entdecken**   Deutschland
>
> **Personalisierung**
>
> **Trends für dich**
>
> Du kannst die Trends basierend auf deinem Standort und den Nutzern, denen du folgst, personalisieren lassen.

Twitch

Zur Streaming-Plattform Twitch möchten wir uns in diesem Ratgeber kurzfassen. Es gibt zwar auch hier Einstellungsmöglichkeiten, jedoch verstößt die Plattform mehr als alle anderen hier beschriebenen gegen den Jugendschutz. Provokativ gesagt: Wer seinem minderjährigen Kind die unbeaufsichtigte Nutzung von Twitch erlaubt, braucht keine Einstellungen. Wer dagegen die Nutzung beaufsichtigt, braucht ebenfalls keine, sondern kann sein Kind selbst schützen. Das schreiben sogar die Nutzungsbedingungen vor:

→ Nutzung durch Minderjährige nur unter Aufsicht

„Die Twitch-Dienste stehen Personen unter 13 Jahren nicht zur Verfügung. Wenn dein Alter zwischen 13 und dem Alter der Volljährigkeit im Rechtsgebiet deines Wohnsitzes beträgt, kannst du die Twitch-Dienste nur unter Aufsicht eines Elternteils oder gesetzlichen Vormunds nutzen, der diesen Nutzungsbedingungen zustimmt."

Jugendschutz: Fehlanzeige

Streaming bedeutet, dass Ihr Kind auf Twitch andere dabei beobachten kann, wie sie Dinge sagen und tun – und zwar live. Allein das macht die Einhaltung von Jugendschutzregelungen sehr schwer. Plattformen reagieren durchaus auf anstößige Inhalte, aber ein Algorithmus, der das Video wie bei YouTube vorab nach jugendgefährdeten Inhalten durchforsten könnte, käme hier zu spät.

Natürlich, es gibt auf Twitch harmlose Bastelanleitungen. Auch die von YouTube bekannte MarmeladenOma liest auf Twitch Märchen vor. Vorwiegend wird Twitch jedoch von Gamern genutzt, denen Ihr Kind beim Spielen zuschauen kann. Das kann unterhaltsam sein, es werden jedoch zum guten Teil gewaltvolle Ego-Shooter gespielt, die für Minderjährige gar nicht freigegeben sind.

Über Browser frei zugänglich

Um Twitch als App zu verwenden, muss zunächst ein Nutzer angemeldet sein. Über einen Browser jedoch kann Ihr Kind die Livestreams von Twitch auch ohne Anmeldung betrachten. Wenn Sie in einem Browser *www.twitch.tv* eingeben, können Sie die Verteilung des Angebots durch Anklicken der Schaltfläche *Durchsuchen* links oben einschätzen. Es gibt dort sechs Kanäle im Bereich „Creative" und 30 im Bereich „Karten- und Brettspiel", jedoch Tausende Angebote in den Bereichen „Horror", „Survival", „Ego-Shooter", „Beat'Em-Up", „Shoot'Em-Up", „Action" und „Stealth". Wenn Sie einen beliebigen Kanal davon auswählen, geht das Gemetzel schon los. In allen Sprachen, Farben und Formen.

Spenden als Anreiz und Risiko

Ein weiterer Grund, warum sich vor allem Gaming-Stars der You-Tube-Szene inzwischen gerne auf Twitch aufhalten, ist, dass dort sehr viel Geld mit Spenden während der Streams eingenommen werden kann. Dass hohe Spenden live kommentiert und gewürdigt werden, erhöht wiederum die Spendenbereitschaft der Zuschauer (siehe hierzu S. 74). Auch in dieser Möglichkeit von Live-Spenden bestehen ein Reiz und eine Gefahr für jüngere Zuschauer auf der Plattform.

Tipp

Wenn Twitch, dann nur in Begleitung! Wie im ersten Kapitel vorausgeschickt: Alle Plattformen bieten auch Chancen. Bei Twitch überwiegen jedoch die Risiken für Minderjährige in einem solchem Maß, dass Ihr Kind die Chancen dieser Plattform, wenn gewünscht, nur mit Ihnen gemeinsam erkunden sollte.

Einstellungen im Betriebssystem

Über die App-Einstellungen hinaus lässt sich auch einiges direkt über das Betriebssystem des Smartphones kontrollieren und regeln. Vor allem iOS, das Betriebssystem von Apple, bietet hierzu unter „Bildschirmzeit" interessante Optionen. Auf Android-Handys sind die Einstellungsmöglichkeiten hingegen begrenzt, hilfreich kann aber eine Zusatzsoftware wie Google Family Link sein.

Regeln, vertrauen, kontrollieren

So wichtig es ist, sich mit den einzelnen Apps und ihren Einstellungsmöglichkeiten zu befassen, so mühselig ist es auch angesichts der großen Vielfalt an Social-Media-Apps, zumal immer wieder neue Plattformen hinzukommen. Da liegt es nahe, nach Wegen zu suchen, das Smartphone Ihres Kindes als Ganzes abzusichern.

Gemeinsam einstellen oder einfach fernsteuern?

Die Einstellungen, die Sie in diesem Kapitel kennenlernen, sind sehr mächtig. Man könnte auch sagen: Sie sind teilweise sehr übergriffig. Deshalb war es uns wichtig, in den vorherigen Kapiteln zunächst zu erläutern, was Begründung und Konsequenz der einzelnen Beschränkungen ist. So können Sie nun selbst entscheiden, welche der Optionen Sie für Ihr Kind wählen.

Betrachten Sie die Einstellungen also als Hilfe. Sie ersetzen nicht die Notwendigkeit von Erziehung. Grundsätzlich sind zwei Wege zu unterscheiden:

▶ **Auf dem Smartphone einstellen:** Sie können auf dem Smartphone Ihres Kindes Einstellungen vornehmen, ihm diese erläutern und dann darauf vertrauen, dass es sich auch daran hält. Theoretisch kann es aber die meisten davon wieder ändern, wenn es das möchte. Sie sind höchstens durch einen vierstelligen Code vor seinem Zugriff geschützt.

▶ **Smartphone fernsteuern:** Der andere Weg ist, mit Ihrem eigenen Smartphone das Ihres Kindes fernzusteuern. Über die Familienfreigabe von Apple und Google Family Link können Sie alle möglichen Einstellungen aus der Ferne einstellen und auch verändern.

Nehmen wir an, Sie sind auf einer Geschäftsreise und wissen, dass Ihr Kind am nächsten Tag eine Physikarbeit schreibt. Dann können Sie mithilfe der Fernsteuerung von Ihrem Aufenthaltsort aus einstellen, dass das Smartphone ab 21 Uhr nicht mehr verwendet werden kann. Ihr Kind soll schließlich rechtzeitig ins Bett. Wenn sich Ihr Kind dann um 21 Uhr meldet und klagt, dass das Video zum Energieerhaltungssatz mittendrin abgebrochen ist, können Sie aus der Ferne noch mal 20 Minuten YouTube-Zeit „aufbuchen".
Diese Möglichkeiten der Fernsteuerung sind etwas aufwendiger, und es ist dafür die Anmeldung der verbundenen Geräte über die Apple-ID bzw. bei Android über Google-Konten notwendig. In diesem Kapitel sollen vor allem die Möglichkeiten der On-Board-Mittel im Vordergrund stehen und die weiteren Optionen nur angedeutet werden.

→ Kinderschutz-Apps fürs Smartphone im Test

Es gibt eine ganze Reihe von Apps, mit denen Sie den Kinderschutz auf Smartphones erhöhen können. Die Stiftung Warentest hat viele von ihnen im Heft 9/2020 getestet und dabei die kostenpflichtige Salfeld Kindersicherung am besten bewertet (Note: „Gut" 2,0). In diesem Kapitel stellen wir Ihnen die kostenlosen Möglichkeiten für die verbreitetsten Betriebssysteme Apple iOS und Android vor. Beide wurden mit der Note „Befriedigend" bewertet, wobei die Abwertung vor allem auf fehlende pädagogische Unterstützung und Mängel in der Datenschutzerklärung zurückzuführen war. Das bereits auf Apple-Geräten integrierte Kinderschutzprogramm erhielt dabei die Note 2,9, die kostenlose App Google Family Link für Android die Note 2,8.

Tipp **WLAN-Sperre:** Eine grundsätzliche Möglichkeit, die Online-Nutzungszeit zu regulieren, bieten die meisten WLAN-Router, mit denen Sie den häuslichen Internetanschluss zumeist kabellos in der Wohnung verteilen. Durch die entsprechenden Einstellungen lassen diese sich so einrichten, dass bestimmte Geräte – identifiziert über ihre MAC-Adresse – nur zu bestimmten Zeiten Internetzugang haben. Wenn Ihr Kind also nach 21 Uhr grundsätzlich nicht mehr surfen oder online spielen soll, können Sie das in den Router-Einstellungen verhindern. Noch sicherer ist es allerdings, das Smartphone abends aus dem Zimmer zu nehmen, zumal sonst das Internet auch über einen Mobilfunkvertrag mit Datenvolumen weiter genutzt werden kann.

Einstellungen für iOS (Apple)

Grundsätzlich haben Sie auf Apple-Geräten zwei Möglichkeiten, wichtige Einstellungen vorzunehmen:

▶ **Globale Grundeinstellungen:** Essenzielle Grundeinstellungen finden Sie unter den globalen Einstellungen für die jeweilige App.

▶ **Bildschirmzeit:** Im Bereich *Bildschirmzeit* können Sie sehr umfangreiche Einstellungen für das gesamte Smartphone und seine Nutzung eingeben.

Wir möchten Ihnen im Folgenden die wichtigsten Einstellungen vorstellen, wobei sich die Beschreibungen auf die iOS-Version 14.3 beziehen (Stand: Dezember 2020). Allerdings sollten Sie sich dabei klarmachen, dass Ihr Kind diese Einstellungen möglicherweise

auch selbst wieder ändern kann, sofern sie nicht mit einem Code (siehe S. 171) gesichert sind.

Globale Grundeinstellungen der Apps

Wenn Sie auf dem Homescreen das Zahnrad (*Einstellungen*) antippen, kommen Sie in die Grundeinstellungen des Smartphones. Scrollen Sie hier weiter nach unten, werden sämtliche Apps in alphabetischer Reihenfolge aufgeführt, die auf dem Gerät aktiv sind.

Wenn Sie nun einen App-Eintrag antippen, zum Beispiel *Instagram*, öffnet sich ein übersichtliches Menü mit den wichtigsten Einstellungen für die App. So können Sie hier den Zugriff auf den *Standort* steuern, die Synchronisation der *Kontakte* unterbinden und alle *Mitteilungen* grundsätzlich ausschalten. Welchen Sinn diese Optionen im Einzelnen haben, wurde in den Kapiteln zu den einzelnen Apps erläutert.

Außerdem regeln Sie in den Grundeinstellungen, auf welche Funktionen des Smartphones die App zugreifen darf: *Fotos*, *Mikrofon* und *Kamera* sind für die Nutzung der meisten Social-Media-Apps zwingend notwendig. Sie haben aber die Möglichkeit, nur diejenigen Fotos freizugeben, die zur Veröffentlichung geeignet sind:

▶ Legen Sie ein eigenes Album in der Fotomediathek an, nennen Sie es zum Beispiel „Instagram".

▶ Zur Freigabe tippen Sie auf den Eintrag *Fotos* in den App-Einstellungen und wählen dann unter *Ausgewählte Fotos* im Reiter *Alben* das Album *Instagram* aus.

▶ Nun können Sie alle darin befindlichen Fotos durch Antippen aktivieren, bis sie mit einem blauen Haken versehen sind. Künftig können nur noch diese Fotos in Posts hochgeladen werden.

Einstellungen über die „Bildschirmzeit"

Über das Zahnrad kommen Sie zu den *Einstellungen* und finden dort recht weit oben den Menüpunkt *Bildschirmzeit*. Diese Option gibt es erst seit 2018. Davor gab es kaum Möglichkeiten, die Mediennutzung technisch zu kontrollieren.

Zunächst entscheiden Sie, ob Sie das eigene Handy oder das Ihres Kindes einrichten. Die Einstellungen Ihres Kindes sichern Sie mit einem vierstelligen Code. Nach der Einrichtung der *Bildschirmzeit* können Sie sie aufrufen: Sie sehen dann, was der Titel verspricht, nämlich die aktuell am Smartphone verbrachte Bildschirmzeit. Bei einer Neueinrichtung beträgt diese natürlich erst einmal null. Wenn Sie auf *Alle Aktivitäten anzeigen* tippen, finden Sie umfangreiche Auswertungen über Menge, Art und Häufigkeit der Nutzung innerhalb der letzten Tage und Wochen.

Bildschirmzeit-Code verwenden

Wenn Sie die im Folgenden beschriebenen verschiedenen Einschränkungen auf dem Smartphone Ihres Kindes vornehmen,

Tipp

Die Bildschirmzeit-Auswertungen nutzen:
Die Zahlen sind eine interessante Grundlage für pädagogische Gespräche mit Ihrem Kind. Vor allem, wenn Sie auch die Bildschirmzeit Ihres eigenen Smartphones miteinbeziehen. Und keine Angst: Die Auswertungen unterscheiden durchaus zwischen „Sozialen Netzwerken", „Informationen und Lesen", „Produktivität und Finanzen" oder kreativen Apps. Bildschirmzeit ist schließlich nicht gleich Bildschirmzeit.

können Sie entscheiden, wie verbindlich sie sein sollen. Über den Eintrag *Bildschirmzeit-Code verwenden* können Sie einen Code vergeben, der benötigt wird, um zum Beispiel nach abgelaufener Nutzungszeit das Handy wieder zu entsperren.

→ Ein Code für alles

Der Bildschirmzeit-Code ist die einzige Sicherung für alle unter „Einstellung", „Bildschirmzeit" vorgenommenen Beschränkungen. Auch wenn Sie gar nicht die eigentliche Zeit beschränken wollen, sondern zum Beispiel Webinhalte oder In-App-Käufe, müssen Sie hier einen Code festlegen.

Damit Sie das Gerät noch benutzen können, wenn Sie den Code vergessen haben, müssen Sie Ihre Apple-ID und das Passwort eintragen. Dann können Sie das Smartphone im Ernstfall darüber wieder freischalten.

Auszeit – der Traum aller Eltern

Wenn Sie unter *Einstellungen*, *Bildschirmzeit* den Eintrag *Auszeit* antippen und dann den gleichnamigen Button aktivieren, können Sie präzise einstellen, wann das Smartphone unbenutzbar sein soll. Telefonate oder speziell dafür von Ihnen freigegebene Apps sind dann weiterhin möglich, alles andere aber wird – nach einer Vor-

Tipp

Geräteübergreifend teilen: Wer seine Apps auf verschiedenen Geräten mit derselben Apple-ID nutzt, kann durch Aktivieren dieses Modus die Bildschirmzeit der unterschiedlichen Geräte kumulieren. Dazu muss diese Einstellung auf allen Geräten eingeschaltet sein.

warnung fünf Minuten vor Beginn der Auszeit – automatisch blockiert.

Sollten Sie also der Meinung sein, dass Ihr Kind in der Schulzeit nach 21 Uhr keine Apps mehr braucht und vor der Schule auch nicht aufs Handy schauen, sondern sich auf den Unterricht vorbereiten soll, richten Sie einfach eine Auszeit von 21:00 bis 10:00 Uhr ein. Ihr Kind kann dann die erste große Pause für ausgiebigen medialen Austausch mit den Mitschülern nutzen. Durch Antippen der Option *Tage anpassen* können Sie die Auszeit an den Stundenplan Ihres Kindes anpassen oder am Wochenende eine längere Smartphone-Zeit zulassen.

App-Limits

Abgesehen von Zeiten, in denen Ihr Kind schlafen oder lernen soll, muss ja auch der restliche Tag nicht vollständig von der Nutzung sozialer Medien bestimmt sein. Unter dem Stichwort *App-Limits* können Sie deshalb präzise einstellen, welches Zeitbudget für einzelne Apps oder bestimmte App-Gruppen zur Verfügung stehen soll.

Beispiel 1: Sie erachten grundsätzlich nicht mehr als zwei Stunden Smartphone-Nutzung am Tag für sinnvoll. Dann gehen Sie wie folgt vor:

1 Tippen Sie zunächst auf *Limit hinzufügen* und dann in der Auflistung aller Apps, die auf dem Smartphone vorhanden sind, auf den obersten Eintrag *Alle Apps & Kategorien*.

2 Tippen Sie danach auf *Weiter* und legen Sie die gewünschte Zeit von 2 Stunden und 0 Minuten fest.

3 Aktivieren Sie nun das Zeitlimit durch Tippen auf *Hinzufügen* rechts oben.

Das so eingestellte Limit kann nun einfach durch Aktivieren und Deaktivieren des Buttons rechts neben *App-Limits* eingestellt oder außer Kraft gesetzt werden. Wenn Sie das Limit ändern oder löschen möchten, gehen Sie auf den Limit-Eintrag und tippen Sie in der Ansicht ganz unten auf *Limit löschen* oder darüber auf *Liste bearbeiten*.

Beispiel 2: Sie wollen Instagram, YouTube, Snapchat und TikTok auf eine Stunde täglich beschränken, am Freitag und Samstag aber zwei Stunden zulassen und den Dienstag als „smartphonefreien Tag" etablieren.

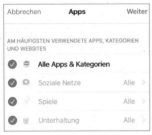

1 Tippen Sie zunächst auf *Limit hinzufügen* und danach auf den ersten Eintrag *Soziale Netze*.
2 Dort können Sie *Snapchat*, *Instagram* und *TikTok* durch Antippen auswählen.
3 Schließen Sie die Auswahl durch erneutes Antippen von *Soziale Netze* und öffnen Sie nun die Liste *Unterhaltung*. Hier können Sie *YouTube* auswählen.
4 Tippen Sie danach auf *Weiter* und legen Sie die gewünschte Zeit von 1 Stunde und 0 Minuten fest.
5 Wählen Sie nun darunter *Tage anpassen* aus und stellen Sie die Zeiten für Dienstag auf 0 Stunden 0 Minuten sowie die für Freitag und Samstag auf 2 Stunden 0 Minuten.
6 Tippen Sie links auf *Zurück* und aktivieren Sie dann das Zeitlimit durch Tippen auf *Hinzufügen* rechts oben.

Lesen Sie zum Zeitmanagement ergänzend auch den Abschnitt „Immer erlauben" auf S. 176.

Kommunikationslimits

In den *Kommunikationslimits* können Sie festlegen, wann und mit wem eine Kontaktaufnahme über Telefon, FaceTime und Nachrichten möglich sein soll. Auf Messenger-Apps wie WhatsApp und Direktnachrichten der Social-Media-Plattformen bezieht sich diese Einstellung allerdings nicht. Diese Dienste müssen Sie wie beschrieben in den *App-Limits* beschränken.

Sie können bei den *Kommunikationslimits* unterscheiden zwischen *Während der Bildschirmzeit* und *Während der Auszeit*. Die Einschränkungen gelten für beide Richtungen der Konversation, Ihr Kind kann also weder anrufen noch angerufen werden. Voraussetzung für die Wirksamkeit der Limits ist, dass die Kontakte in der iCloud aktiviert sind. So können Sie das prüfen:

1 Rufen Sie die *Einstellungen* über das Zahnrad auf.

2 Scrollen Sie ganz nach oben und tippen Sie auf den Namen, dessen Apple-ID mit dem Smartphone verbunden ist, meist entweder Ihren oder den Ihres Kindes.

3 Tippen Sie auf den Eintrag *iCloud* und überprüfen Sie, ob der Button neben *Kontakte* aktiviert ist (das bedeutet, er ist grün und der Regler befindet sich rechts). Nun können Sie die Kommunikationslimits einstellen.

Beispiel 1: Sie wollen, dass Ihr Kind auch während der Bildschirmzeit nur von seinen Kontakten oder Gruppen, denen mindestens ein Kontakt angehört, angeschrieben werden darf.

1 Tippen Sie unter *Einstellungen*, *Bildschirmzeit* auf *Kommunikationslimits*.

2 Wählen Sie *Während der Bildschirmzeit*.

3 Tippen Sie auf den mittleren Eintrag *Kontakte und Gruppen mit mindestens einem Kontakt*.

4 Um ins Bildschirmzeit-Menü zurückzukommen, tippen Sie zweimal links oben auf den blauen Pfeil nach links.

Beispiel 2: Während der Auszeit soll Ihr Kind nur Anrufe und Nachrichten von den engsten Familienmitgliedern entgegennehmen können.

1 Tippen Sie unter *Einstellungen*, *Bildschirmzeit* auf *Kommunikationslimits*.

2 Wählen Sie *Während der Auszeit*.

3 Tippen Sie auf den obersten Eintrag *Bestimmte Kontakte*.

4 Bestätigen Sie die unten erscheinende Schaltfläche *Von meinen Kontakten wählen*.

5 Wählen Sie in der Kontakteliste alle Einträge von Familienmitgliedern aus, die Ihr Kind immer erreichen dürfen.

6 Wenn Sie alle Kontakte hinzugefügt haben, tippen Sie zur Bestätigung rechts oben auf *Fertig*.

7 Um ins Bildschirmzeit-Menü zurückzukommen, tippen Sie zweimal links oben auf den blauen Pfeil nach links.

8 Um *Erlaubte Kontakte* später wieder zu entfernen, wischen Sie den entsprechenden Namenseintrag nach links und bestätigen Sie mit *Löschen*.

Immer erlauben

Nachdem Sie nun einige Möglichkeiten kennengelernt haben, Apps oder Kontakte zeitlich einzuschränken, können Sie unter *Immer erlauben* die Apps oder Kontakte auswählen, die immer aktiv bleiben sollen – also auch während der Auszeit oder wenn das Zeitbudget aufgebraucht ist. Es kann ja beispielsweise bestimmte Anwendungen geben, mit denen Ihr Kind bei einem Hobby oder für die Schule arbeitet und die nicht unter das voreingestellte Zeitlimit fallen sollen.

▶ **Kontakte immer erlauben:** Die immer erlaubten Kontakte wählen Sie dafür wie auf S. 175 unter „Kommunikationslimits" beschrieben aus.

▶ **Apps immer erlauben:** Für die Auswahl der Apps müssen Sie nur in der alphabetischen Auflistung auf das grüne Pluszeichen links neben einer App tippen, um sie nach oben in *Erlaubte Apps* zu verschieben. Entsprechend können Sie dort durch Antippen des roten Minuszeichens Anwendungen auch wieder aus der Liste löschen.

Beschränkungen

Unter dem Allerweltsbegriff *Beschränkungen* finden Sie einige der wichtigsten Einstellungen für den sicheren Umgang Ihres Kindes mit den Social Media und dem Internet ganz allgemein. Die Möglichkeiten sind gewaltig. Wir wollen Ihnen die wichtigsten exemplarisch vorstellen.

Sie finden die Beschränkungen unter *Einstellungen, Bildschirmzeit, Beschränkungen*. Alle Beschränkungen können durch Antippen des Reglers ganz oben neben *Beschränkungen* deaktiviert oder aktiviert werden. Wenn Sie zum Beispiel das Smartphone auch selbst mal (uneingeschränkt) nutzen wollen, können Sie hier alle Einschränkungen auf einmal ausschalten.

→ **Echter Schutz nur mit Code**

> Nur wenn Sie die Einstellungen über „Bildschirmzeit-Code verwenden" (S. 171) abgesichert haben, funktionieren die Beschränkungen wirklich. Ansonsten wird zum Beispiel beim Aufrufen einer jugendgefährdeten Seite nur angezeigt, dass der Inhalt beschränkt ist. Danach kann die Seite jedoch mit einem weiteren Klick ungehindert aufgerufen werden.

Inhaltsbeschränkungen

Ganz oben können Sie nach Antippen des Menüeintrags *Inhaltsbe-schränkungen* bestimmen, welche Altersfreigaben berücksichtigt werden sollen. Wichtig ist: Sie wählen aus, was erlaubt sein soll, nicht, was blockiert wird. Also erlauben Sie unbedenkliche Inhalte, nicht anstößige. Bei einem 13-Jährigen sollten die Einstellungen ungefähr so aussehen wie auf dem Screenshot auf der linken Seite.

Da Ihr Kind die meisten Apps auch über den Safari-Browser starten kann, können Sie auch beim *Webinhalt* bestimmen, ob *Unbeschränkter Zugriff* möglich ist, der Browser *Nicht jugendfreie Inhalte beschränken* soll oder ob Sie *Nur erlaubte Websites* verwenden wollen. Wenn Sie Letzteres auswählen, können Sie aus einer Vorschlagsliste entsprechende Kinder- und Jugendseiten heraussuchen oder auch eigene Webseiten hinzufügen.

Wenn Ihr Kind wirklich nur auf bestimmte Seiten gehen soll, können Sie die Websuche auf *Nicht erlauben* stellen. Warum man eventuell *Anstößige Sprache* vermeiden sollte, können Sie auf S. 69 im Abschnitt über Spotify nachlesen.

Unter dem Stichwort *Game Center* gibt es noch einige weitere Einstellungsmöglichkeiten. Wenn Sie sich in diesem Bereich nicht besonders gut auskennen oder Ihnen die Begeisterung Ihres Kindes für Games generell zu weit geht, sollten Sie hier vor allem bei jüngeren Kindern eher restriktiv vorgehen und alle Parameter zunächst einmal auf *Nicht erlauben* stellen.

Erlaubte Apps

Der Eintrag *Erlaubte Apps* ist möglicherweise etwas verwirrend, denn Sie haben ja die App-Zugriffe schon an anderer Stelle eingestellt (siehe S. 173). Unter diesem Eintrag können Sie nun jedoch

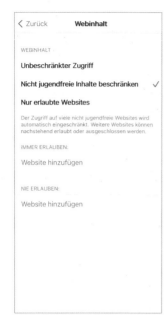

weitere Anwendungen wie Mail und Facetime, AirDrop und Podcasts ausschließen.

Es kann bei kleinen Kindern durchaus sinnvoll sein, hier den Zugriff auf Safari – und damit das gesamte Internet – zu blockieren. In der *Wallet* finden sich manchmal ebenfalls wichtige Daten oder gar Kreditkartenfunktionen, mit denen Ihr Kind nicht unbedingt etwas zu tun haben muss.

Änderungen verhindern

Was können Sie nun tun, um zu verhindern, dass Ihr Kind Ihre sorgsam vorgenommenen Einstellungen ganz einfach wieder rückgängig macht? Unter *Einstellungen*, *Bildschirmzeit* und *Beschränkungen* finden Sie unter dem Stichwort *Datenschutz* einige grundlegenden Zugriffsberechtigungen. Die wichtigsten davon können Sie,

wie bereits auf S. 170 beschrieben, auch direkt in den App-Einstellungen einrichten. An dieser Stelle haben Sie jedoch die Möglichkeit, Änderungen daran zu verhindern! Wohlgemerkt, dafür muss der ganze Bereich *Bildschirmzeit* über den *Bildschirmzeit-Code* wie oben beschrieben abgesichert sein (siehe S. 171).

Wenn Sie hier wichtige Systemeinstellungen wie *Ortungsdienste*, *Kontakte*, *Werbung* oder *Standort teilen* aufrufen, können Sie durch Antippen des Eintrags *Änderungen nicht erlauben* dafür sorgen, dass Ihr Kind selbstständig keine abweichenden Einstellungen vornehmen kann. (Vorsicht: Sie müssen vorher schon die gewünschten Optionen einstellen!) Außerdem sehen Sie in einigen Einstellungen eine Liste aller Apps, die Zugriff auf den jeweiligen Dienst haben, und können nochmals überprüfen, ob das wirklich notwendig ist.

Ebenso können Sie im unteren Bereich der Seite unter *Codeänderungen* verhindern, dass der Smartphone-Zugriffscode geändert werden kann. Das ist sinnvoll, wenn Sie das Smartphone Ihres Kindes verwalten oder kontrollieren wollen. Andererseits berauben Sie Ihr Kind dadurch natürlich der Möglichkeit, privaten Freiraum zu haben.

Unerwünschte Kosten vermeiden

Ein wichtiger Punkt, der sich ebenfalls verwirrenderweise ganz oben bei den Einstellungen für die *Bildschirmzeit* verbirgt, ist *Käufe im iTunes & App Store*. Da Sie als Erziehungsberechtigte für die Nutzung der meisten Apps mitverantwortlich sind, sollten hier eher restriktive Einstellungen vorherrschen:

▶ **Apps installieren** sollte Ihr Kind besser nur nach Absprache, stellen Sie dazu *Nicht erlauben* ein.

▶ **Apps löschen** könnte auch aus Versehen geschehen, hier bietet *Nicht erlauben* Schutz.

▶ **In-App-Käufe** sollten auf keinen Fall selbstständig getätigt werden können, Sie sollten sie also *Nicht erlauben*.

Da Sie womöglich für Käufe in iTunes, Book oder im App Store Zahlungsdaten hinterlegt haben, schadet es auch nicht, hier einzustellen, dass ein Passwort *Immer erforderlich* ist. So sind Sie weitestgehend vor unbeabsichtigten Käufen geschützt. Natürlich sollten auch sonst auf dem Smartphone Ihres Kindes keine Zahlungsmethoden ungesichert zur Verfügung stehen. Insbesondere die Auswirkungen einer verletzten Aufsichtspflicht im Zusammenhang mit der (fehlenden) Geschäftsfähigkeit Ihres Kindes sollten Sie hier berücksichtigen (siehe S. 76).

‹ Zurück	**Beschränkungen**	
Fotos		Erlauben
Standort teilen		Nicht erlauben
Bluetooth-Freigabe		Erlauben
Mikrofon		Erlauben
Spracherkennung		Erlauben
Werbung		Erlauben
Medien & Apple Music		Erlauben
ÄNDERUNGEN ERLAUBEN:		
Codeänderungen		Nicht erlauben

‹	**Käufe im iTunes & App Store**	
STORE-KÄUFE & ERNEUTE DOWNLOADS		
Apps installieren		Nicht erlauben
Apps löschen		Nicht erlauben
In-App-Käufe		Nicht erlauben

Tipp

Alternative zu technischen Beschränkungen:
Statt Änderungen unmöglich zu machen, können Sie zum Beispiel vereinbaren, dass Sie regelmäßig mit Ihrem Kind zusammen die Einstellungen überprüfen, die Bildschirmzeit auswerten und über den Smartphone-Gebrauch sprechen. Dann kann Ihr Kind auch einen selbst gewählten Code verwenden und seine Privatsphäre erhalten. Wenn Account-Änderungen erlaubt sind, kann Ihr Kind möglicherweise einen neuen Instagram- oder TikTok-Account erstellen und dann dort neue Einstellungen vornehmen. Doch ebenso wie die Installation neuer Apps auf dem Smartphone sollten solche Eingriffe sicherheitshalber besser gemeinsam besprochen und eingerichtet werden.

Einstellungen für Android

Eine mit der Bildschirmzeit bei iOS vergleichbare Einstellungsmöglichkeit gibt es bei Android nicht. Zusätzlich zu den begrenzten Bordmitteln von Android bieten einige Smartphone-Hersteller eigene Möglichkeiten auf Ihren Geräten an. Darüber hinaus gibt es die kostenlose Zusatzsoftware Google Family Link.

Google Family Link

Mit Google Family Link lässt sich Ihr Smartphone an das Ihres Kindes anbinden und ähnlich aus der Ferne steuern wie zuvor bei iOS beschrieben. Sie müssen dafür jedoch ein Google-Konto für Ihr Kind anlegen. Auch bei einem iPhone basiert die geräteübergreifende *Familienfreigabe* zwar auf der Apple-ID, doch ein Google-Konto ist aus Datenschutzsicht kritischer zu bewerten:

→ **Google-Konto und Datenschutz**

Während Apple sein Geld mit Hardware und dem Vertrieb von Apps verdient, basiert das Geschäftsmodell von Google auf dem Sammeln und Vermarkten persönlicher Daten. Nicht umsonst bezahlt Google seit Jahren jedes Jahr Rekordstrafen an die EU, weil die Koppelung von Android mit bestimmten voreingestellten Google-Apps nach Ansicht der EU gegen das Wettbewerbsrecht verstößt. Auch die Gefahr von Datenmissbrauch zum Beispiel auf der konzerneigenen Videoplattform YouTube ist nicht von der Hand zu weisen.

Falls Sie dennoch bereit sind, mit Google-Konten zu arbeiten, haben Sie die Möglichkeit, mehrere Konten miteinander zu verknüpfen. Damit ergeben sich zahlreiche Einstellungsoptionen der damit verbundenen Dienste, zu denen auch Google Family Link zählt. Die entsprechenden Anleitungen finden Sie in der App selbst bzw. in Ihrem Google-Konto.

Globale Grundeinstellungen der Apps

Abgesehen von den oben erwähnten Anbieter-Apps und Google Family Link können Sie einige Einstellungen zum sichereren Umgang mit den sozialen Medien mit Bordmitteln auf jedem Android-Handy vornehmen. Die folgenden Beschreibungen beziehen sich auf die Android-Version 11 (Stand: 28. Dezember 2020).

Durch Antippen des Zahnradsymbols gelangen Sie in die *Einstellungen* von Android. Wenn Sie weit nach unten scrollen, finden Sie den Eintrag *Apps*. Hier sind alle auf dem Smartphone verwendeten Apps und Systemdienste alphabetisch aufgeführt.

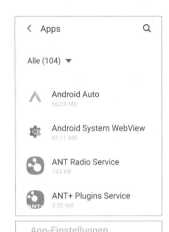

Wählen Sie zum Beispiel den Eintrag für *Instagram* aus und tippen Sie darauf. Nun sehen Sie einige wichtige App-Einstellungen, insbesondere die folgenden beiden:

▶ **Benachrichtigungen:** Durch Antippen des obersten Buttons können Sie *Benachrichtigungen* komplett deaktivieren. Darunter können Sie die Mitteilungen zu den unterschiedlichsten Bereichen aktivieren oder deaktivieren.

▶ **Berechtigungen:** Hier können Sie die wichtigsten *Berechtigungen* zum Beispiel für *Kontakte* oder *Standort* zulassen oder ablehnen.

Zeitlimits und Ruhephase

Ebenfalls in den Einstellungen Ihres Android-Handys finden Sie einen Menüeintrag namens *Digitales Wohlbefinden und Kindersicherung*. Hier sehen Sie zunächst die Bildschirmzeit der unterschiedlichen Apps und können weiter unten bei *App-Timer* Zeitbeschränkungen für die einzelnen Programme festlegen. Allerdings gibt es keinen Schutz mittels eines Codes, sodass Ihr Kind nach Ablaufen

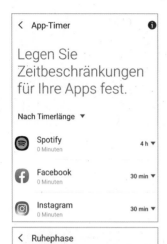

der Bildschirmzeit lediglich auf *App-Timer ändern* tippen und eine neue Wunschzeit eingeben muss.

Das Gleiche gilt für die etwas weiter unten einstellbare Option für Ruhezeiten: Nach Tippen auf den Eintrag *Ruhephase* können Sie dort festlegen, wann Ihr Kind an eine vereinbarte Ruhephase erinnert werden soll. Zur eingestellten Zeit, zum Beispiel zwischen 22:00 Uhr und 07:00 Uhr, wird dann der Bildschirm auf Graustufe geändert. Anrufe, Alarme und andere Benachrichtigungstöne werden stummgeschaltet. Das ist eine schöne Erinnerung, allmählich ins Bett zu gehen. Gleichzeitig ist es aber natürlich völlig unverbindlich, zumal Ihr Kind den Modus sehr einfach auch wieder deaktivieren kann.

Personalisierte Werbung

Unter *Einstellungen*, *Datenschutz* und *Werbung* bestimmten Sie, ob Apps personenbezogene Daten für die Auswahl passender Werbeanzeigen verwenden dürfen. Wenn Sie auf den Button tippen, wird die personalisierte Werbung deaktiviert und Sie erhalten den Hinweis: „Du siehst weiterhin Werbung, aber diese basiert möglicherweise nicht auf deinen Interessen."

Zugriff auf Kontakte und Standort

Unter *Einstellungen*, *Datenschutz* und *Berechtigungsverwaltung* können Sie sehen, welche Apps bestimmte Berechtigungen haben. Um beispielsweise herauszufinden, welche Apps Zugriff auf die Kontakte Ihres Kindes haben, suchen Sie in der alphabetischen Liste der Berechtigungen den Eintrag *Kontakte*. Hier sind alle Apps, die diese Berechtigung haben, aufgelistet.

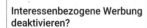

Wenn Sie eine App antippen, können Sie die Einstellung ändern. Wenn Sie also nicht wollen, dass Instagram, TikTok, Snapchat, YouTube und Co. ihre Nutzer mit dem Adressbuch Ihres Kindes abgleichen, setzen Sie jeweils den Berechtigungsstatus auf *Ablehnen*.

Nach demselben Prinzip können Sie auch den Zugriff auf den Standort zulassen oder blockieren. Tippen Sie dafür in der Berechtigungsverwaltung auf den Eintrag *Standort*. Hier besteht die Auswahl aus den Optionen *Immer zulassen*, *Zugriff nur während der Nutzung zulassen* und *Ablehnen*. Wenn eine App sinnvollerweise den Standort verwendet, zum Beispiel Karten, Navigationssysteme, Busfahrpläne oder auch WhatsApp, reicht im Normalfall die mittlere Option aus.

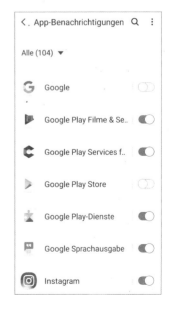

Benachrichtigungen

Alle Apps wollen Ihre Nutzer über die unterschiedlichsten Vorgänge informieren. Damit Ihr Kind nicht ständig dadurch gestört oder zum Griff zum Smartphone animiert wird, sollten Sie nur die wichtigsten Erinnerungen aktiv lassen.

1 Gehen Sie in den Einstellungen zum Eintrag *Benachrichtigungen*.

2 Scrollen Sie nach unten zu einer Auflistung von Apps unter *Kürzlich gesendet*. Tippen Sie hier unten auf *Weitere* bzw. *Mehr*.

3 Nun sehen Sie eine Liste aller Apps. Eventuell müssen Sie dafür noch links oben den Filter von *Aktuell* auf *Alle* verändern, um nicht nur die Apps zu sehen, die derzeit in Gebrauch sind.

4 Der Button rechts neben dem Namen zeigt jeweils an, ob Benachrichtigungen zugelassen sind (blau).

5 Wenn Sie Benachrichtigungen abstellen wollen, tippen Sie auf die Buttons, um sie zu deaktivieren (weiß).

Wenn Sie auf den App-Namen tippen, können Sie außerdem die einzelnen Push-Benachrichtigungen an- und abwählen. Das ist sinnvoll, wenn Ihr Kind zum Beispiel nur mitgeteilt bekommen soll, wenn es in einem Beitrag erwähnt wurde. Tippen Sie in diesem Fall auf den Eintrag *Erwähnungen*, können Sie auch die Art und Weise der Mitteilung – mit Ton, Vibration, stumm als Pop-up, im Sperrbildschirm etc. – auswählen.

Jugendschutz-Einstellungen im Google Play Store

Wie eingangs ausgeführt, sind weitere Einstellungen nur im Zusammenhang mit einem Google-Konto möglich (S. 182). So lässt sich beispielsweise im Google Play Store verhindern, dass bestimmte Inhalte installiert oder heruntergeladen werden können.

Öffnen Sie dafür den Google Play Store und rufen Sie durch Antippen der drei Striche links oben das Menü auf. Tippen Sie dann auf das Zahnrad (*Einstellungen*) und wählen Sie in der Liste den Eintrag *Jugendschutzeinstellungen*.

Durch Antippen des Reglers aktivieren Sie die Jugendschutzeinstellungen und können nun eine PIN eingeben, mit der sich später die Beschränkungen wieder aufheben lassen. Die gewählte PIN müssen Sie zur Bestätigung erneut eingeben. Danach sollte der Regler bei den Jugendschutzeinstellungen auf der rechten Seite sein und den aktivierten Zustand anzeigen.

Setzen Sie nun die Einstellungen für *Apps und Spiele*, *Filme* und *Serien* auf den von Ihnen gewünschten Wert, zum Beispiel *FSK 12*, und bestätigen Sie die Auswahl mit der Schalt-fläche *Speichern*. Damit werden der Kauf und die Wiedergabe der entsprechenden Medien eingeschränkt. Bereits installierte Apps bleiben allerdings aktiv und müssen gegebenenfalls gelöscht wer-den.

Unerwünschte Kosten vermeiden

Ebenso sollten Sie im Google Play Store dafür sorgen, dass dort eine Zahlungsmethode eingestellt ist, die durch eine zusätzliche Sicherheitsmaßnahme, zum Beispiel eine PIN, geschützt ist.

In jedem Fall sollten Sie in den Einstellungen festlegen, dass eine Authentifizierung für Käufe erforderlich ist.

1 Tippen Sie dafür im Google Play Store auf die drei Striche oben rechts, um über das Zahnradsymbol in die *Einstellungen* zu gelangen.

2 Aktivieren Sie dann beim Eintrag *Authentifizie-rung für Käufe erforderlich* die Option *Für alle Käufe bei Google Play auf diesem Gerät*.

3 Zusätzlich können Sie beim Eintrag direkt darüber Google-Play-Käufe auch durch eine *Biometrische Authentifizierung* schützen.

Sie benötigen zur Aktivierung beider Optionen das Passwort für Ihr Google-Konto. Käufe in anderen Stores wie zum Beispiel dem Samsung Galaxy Store sind durch diese Maßnahmen allerdings nicht geschützt.

Authentifizierung

⦿ Für alle Käufe bei Google Play auf diesem Gerät

◯ Alle 30 Minuten

◯ Nie

Um dein Konto zu schützen, ist in einigen Apps bei In-App-Käufen möglicherweise eine Authentifizierung erforderlich, unabhängig von deinen Einstellungen.

ABBRECHEN

Hilfe

Stichwortverzeichnis

Die Stiftung Warentest wurde 1964 auf Beschluss des Deutschen Bundestages gegründet, um dem Verbraucher durch vergleichende Tests von Waren und Dienstleistungen eine unabhängige und objektive Unterstützung zu bieten.

Der Autor: Tobias Bücklein (@dieserdad) setzt sich als Vater eines bekannten YouTubers intensiv damit auseinander, wie man Kinder und Jugendliche im Umgang mit Social Media begleiten und schützen kann. Der studierte Schulmusiker und Medienproduzent hat inzwischen selbst 150 000 Follower auf TikTok, YouTube und Instagram. Sein 2019 erschienenes Buch „Willkommen in Neuland" befasst sich ebenfalls mit diesem Thema.

© 2021 Stiftung Warentest, Berlin

Stiftung Warentest
Lützowplatz 11–13
10785 Berlin
Telefon 0 30/26 31–0
Fax 0 30/26 31–25 25
www.test.de
email@stiftung-warentest.de

USt-IdNr.: DE 136725570

Vorstand: Hubertus Primus
Weitere Mitglieder der Geschäftsleitung:
Dr. Holger Brackemann, Julia Bönisch, Daniel Gläser

Programmleitung: Niclas Dewitz

Autor: Tobias Bücklein

Projektleitung: Lisa Frischemeier, Merit Niemeitz
Lektorat: Eva Gößwein, Berlin
Korrektorat: Susanne Reinhold, Berlin
Fachliche Unterstützung: Eugénie Zobel
Titelentwurf: Christian Königsmann
Layout, Grafik, Satz: Annett Hansen, Berlin
Screenshots: Tobias Bücklein
Bildnachweis: Gettyimages (Titel); Adobe Stock (Umschlag Rückseite)

Produktion: Vera Göring
Verlagsherstellung: Rita Brosius (Ltg.), Romy Alig, Susanne Beeh
Litho: tiff.any, Berlin
Druck: brandenburgische universitätsdruckerei, potsdam

ISBN: 978-3-7471-0420-0

Wir haben für dieses Buch 100 % Recyclingpapier und mineralölfreie Druckfarben verwendet. Stiftung Warentest druckt ausschließlich in Deutschland, weil hier hohe Umweltstandards gelten und kurze Transportwege für geringe CO_2-Emissionen sorgen. Auch die Weiterverarbeitung erfolgt ausschließlich in Deutschland.